GABRIEL BORAGINA

La teoría del mito social

Contenido

Gabriel Boragina

Introducción

Me resulta difícil etiquetar este nuevo libro, en parte porque soy reacio a las etiquetas y rótulos que trato de emplear solamente en casos muy necesarios y siempre al mínimo posible, y en otra parte porque -como continuamente en el caso de mis escritos- el lector encontrará de todo un poco, un poco de filosofía, otro de metafísica, otro de sociología, economía, y alguna que otra pizca de psicología, y todo ello, como siempre, sin pretensiones académicas, sino en un lenguaje liso y llano o -al menos- lo más simple que me sea posible.

Si de etiquetas se trata, no encuentro nada mejor que decir que se presentan un conjunto de reflexiones que han surgido de manera espontánea y -a veces- casi imprevisible, pero que en este caso tiene que ver con lo humano y con lo social.

Espero que el libro se explique por sí mismo, sin necesidad de hacerlo en esta introducción, por lo que antes que mostrar aquí el contenido del texto, diré algunas pocas palabras de la metodología utilizada al redactarlo, dejándole al lector las etiquetas del caso, para el supuesto que llegue al final de la obra (sin saltearse lo del medio ☺)

Al escribir —como ya he dicho en mis otros libros y también vale para el presente- no me propongo erudición, por el riesgo que representa de considerarse un signo de pedantería; por ello prefiero dejar a otros autores las largas citas de pie de página y las interminables listas de bibliografía al final de cada texto, que demuestran -orgullosamente- todo lo que han leído. No se trata aquí de una crítica a las citas bibliográficas, las que son muy útiles y hasta –desde luego- imprescindible en libros de textos o de contenido académico. Pero en este caso puntual, es decir, en el de este libro, entiendo que no son en absoluto necesarias, excepto para realizar algunas aclaraciones que, por el contexto de lo que se vaya explicando, no cuadran que se formulen en el texto. Las citas de autores consultados son muy útiles cuando, en investigaciones de tipo doctrinario o académico, el autor quiere (y debe) fundamentar o respaldar sus afirmaciones. Pero el presente, reitero, no es un trabajo académico, ni una monografía, ni una tesis, por lo que me considero eximido, pues, de atiborrar al amigo lector con citas bibliográficas.

Como lector, me ocurre que la abundancia y sobredosis de las notas a pie de página normalmente me distraen de la lectura del cuerpo principal del texto. Estimo que otro tanto podría ocurrirles a mis potenciales lectores, de suerte que trato, en lo posible, de reducir las notas a las mínimas imprescindibles y –reiterando- que ello, en modo alguno, implica que no las considere importantes.

Lo expresado no significa que siempre escriba sobre ideas propias, todo lo contrario, dudo mucho de las ideas puramente originales, no sólo las mías, sino del resto. Cuanto más aprendo, cuanto más leo, más descubro y más me convenzo que alguien ya ha pensado antes lo que a mí se me acaba de ocurrir, lo cual no debe ser algo que nos produzca extrañeza, sino -por el contrario- debemos aceptar que es lo que, en mayor o menor medida, le sucede a la mayoría de la gente que estudia e investiga.

Nada de lo anterior supone negar la existencia de ideas originales; de momento que todos somos diferentes va de suyo que todo lo que pensamos debe correr la misma suerte, o sea, será distinto de uno a otro; aun cuando los temas que tratemos sean "los mismos", ello es sólo en apariencia, o en enunciado. Invariablemente y necesariamente, por mucho que coincidamos -con otras personas- en algunas cuestiones, el enfoque variará, por la combinación de un sin fin de factores de todo tipo, donde se entremezclan la enseñanza, la educación (en los términos más amplios posibles), la influencia del entorno, la información que recibimos a diario, los afectos, las pasiones, las emociones y nuestras particulares razones, en fin, la combinación de toda y cada una de estas cosas hace del pensamiento de cada persona algo único e irrepetible, incluso, insondable para todos los demás.

Con frecuencia se ha criticado a los autores por las repeticiones que se encuentran en sus obras, incluso muchas veces dentro de una misma obra. Pero esta crítica es vacua, porque, a menudo, es necesario repetir una idea para poder ampliarla o explicarla mejor, y no hay -prácticamente- ningún autor de los muchos que yo he leído que escape a esta tendencia.

De todas maneras, no pretendo con esto justificar las repeticiones, más cuando lucen excesivas. El punto es que, aunque parezca increíble y por muy distraído que sea un escritor, excepto que copie párrafos largos de otros textos suyos, si no hace esto, es bastante difícil que se repita a sí mismo. Expresar una misma idea de una manera diferente no es en sí misma una repetición, sino una nueva exposición que -incluso- en el ánimo de quien la lee, pueda despertar una interpretación diferente a la de otra persona. En este sentido, considero que cada situación es nueva, al menos en algún aspecto, sea en la forma en que se la presente o en sí misma considerada.

Más allá de lo anterior, creo que las repeticiones son necesarias por una razón muy poderosa que tomo como dato de la realidad: la mayoría de las personas están muy preocupadas por sí mismas; y muy poco atentas a lo que dice el otro; sea en forma oral o escrita. Mi experiencia docente lo reafirma en mi trato diario con alumnos universitarios. Estos -por lo general- son dispersos, distraídos, y olvidadizos. Es frecuente en las clases que los alumnos pregunten una y otra vez cosas que ya han sido explicadas en clases anteriores, incluso, en la misma clase apenas un rato antes. Pero este no es un comportamiento exclusivo de los estudiantes primarios, secundarios y universitarios, es un comportamiento general, aun en personas no universitarias. Tanto en las reuniones familiares, como con amigos, o sociales de otra índole; es notorio y he observado casi siempre que poco más o menos nadie escucha al otro, a pesar de que, con corta diferencia, nadie tampoco se priva de hablar. Quizás sea un rasgo de la idiosincrasia de nuestro pueblo, pero se trata de un hecho observable y que sigo notando. Esta poca atención y concentración de la gente en lo que los demás dicen -sea por escrito u oralmente- hace que las repeticiones se hagan una vez más necesarias.

Hago notar y subrayar que también esto sucede cuando uno se expresa por escrito. Por ejemplo, es frecuente en el intercambio de e-mail encontrar este fenómeno. Pocas veces las personas a las que les envío un e-mail responden, y cuando lo hacen, generalmente la respuesta no tiene nada que ver con mi correo original. Y esto se ha dado con independencia de lo largo o corto que sea el correo electrónico. A veces textos cortos y concretos se responden con incoherencias. Y no se trata de que no haya sido claro, porque si fuera un problema de que me hubiera expresado oscuramente, mi lector podría pedirme, a vuelta de correo, la aclaración respectiva, diciéndome que no me ha entendido. Pero esto no sucede. Soy respondido, sí, pero con una incongruencia que nada tiene que ver con mi mensaje original.

La conclusión a estos fenómenos casi cotidianos es —a mi juicio- de que la gente no tiene interés alguno en escuchar o leer lo que los demás dicen, simplemente porque están tan concentradas en sí mismas y en sus pensamientos; que lo que provenga del exterior es casi como la atmósfera que respiran, algo de lo que apenas se dan cuenta que existe. De allí, pues, y volviendo al tema central que trajo estas reflexiones, es que, como escritor, creo que las repeticiones son cada vez más necesarias, en la medida que la gente cada vez está más absorta y distraída en sí misma y su atención notablemente más dispersa.

Por lo demás, es una técnica frecuente en los libros de texto de escolares y niveles superiores también, donde se acostumbra a terminar cada capítulo con un pequeño resumen del tema tratado, y en algunos casos, un cuadro de ejercitación que demuestre al propio alumno que ha entendido lo que ha leído.

Nada de esto significa que en mis libros siempre diga lo mismo y/o de la misma manera; en realidad, en mi caso, para comprender cada uno de mis libros, casi forzosamente el lector deberá leer los restantes, sobre todo, si desea ampliar algún tópico específico del que está en ese momento leyendo. De modo tal, que lamento defraudar al lector que hubiera sospechado –por mis líneas anteriores- que podría encontrar en cualquiera de mis libros lo mismo que podría haber leído en cualquiera de los otros. No es así.

Lo que intento repetir -en forma resumida- son los que considero conceptos básicos y que -a veces- advierto que la gente no comprende claramente, ya sea por el factor distracción que he mencionado anteriormente o bien, porque el punto en análisis reviste una verdadera dificultad para su cabal y plena asimilación intelectual.

Deseo prevenir al lector ahora que toda crítica que haga en este libro no ha de tomarse como una manifestación mía de estar en posesión de alguna verdad "eterna e inmutable". Hablaré mucho de la *verdad*, como concepto, aunque no agotaré el tema, ni lo haré desde todos los ángulos posibles. Pero por mucho énfasis que ponga en la exposición, el lector no debe perder de vista que sólo se trata de la expresión de mi punto de vista y nada más que de ello.

El libro será –en algunos tramos- casi una "autobiografía" de los mitos que dominaron mi vida, de las cosas en las que creí, las que no creía y ahora creo y en las que yo creía y ahora no creo. Aunque tampoco faltarán los mitos en los que nunca creí y si creen mis congéneres, y viceversa. Pero fundamentalmente, daré mi visión de la sociedad como productora de mitos, de allí el título de la obra, *La teoría del mito social.*

No haré manifestaciones "universales" aunque me exprese de manera universal. No pretendo absolutizar mis juicios. Sólo daré mis puntos de vista y mis opiniones, que naturalmente el lector podrá -o no- considerar errados. A veces el lenguaje nos tiende trampas y caemos con facilidad en ellas, más que otra cosa por los malos hábitos que hemos adquirido, conductas repetitivas que adoptamos casi sin darnos cuenta y que en muchos casos nos resultan malsanas.

Hechas pues las aclaraciones pertinentes sobre la metodología de este trabajo pasemos ahora decir algunas palabras sobre el mismo. Esta teoría del mito social contempla supuestos que he considerado en otras instancias, en particular en mi libro *La credulidad*[1]*,* aunque en aquel libro me limité a desarrollar la credulidad en términos restringidos, que puede recaer tanto en mitos como en realidades fácticas[2] y circunscribiéndola allí –específicamente– a las áreas de la economía y la política. El texto que ahora presento al lector extiende, de alguna manera, aquellas reflexiones a otros campos de la órbita social que exceden, de cierto modo, a lo que convencionalmente se entiende por política y economía. También podría decirse que este libro habla de los *mitos colectivos*, expresión esta última que podría asimismo servir perfectamente de título al trabajo.

Las palabras *social* y *colectivo* o sus sinónimos, son utilizadas en este libro como simplificaciones para designar un número determinado o indeterminado de personas, pero no como "algo" diferente a dichas personas consideradas en forma individual. Esto es importante que el lector lo tenga en cuenta para no caer en interpretaciones de tipo hegelianas o marxistas, doctrinas en las cuales tales términos tienen un significado diferente al que le damos nosotros. El método de investigación o -mejor expresado- de exposición que nos proponemos para esta obra, es el del individualismo metodológico, que como bien señalan, en otro contexto, James Buchanan y Gordon Tullock[3] difiere del individualismo filosófico. Sintéticamente, podemos decir que en tal metodología el análisis parte del individuo hacia los grupos, en lugar de seguir el procedimiento corriente de inspiración hegeliano-marxista de sentido inverso, es decir de los grupos hacia los individuos. Si en el sistema propuesto por Buchanan y Tullock la

---

[1] Véase en: https://libros-gsb.blogspot.com/

[2] Agrego aquí la palabra *fácticas* porque, como veremos en el texto, los mitos, cuando son persistentes, pueden crear realidades propias del mitómano. Para evitar confusiones, suelo referirme a estas últimas como *realidades ideales* término que, a primera vista, puede sonar algo contradictorio pero cuya justificación he intentado hacer en esta y otras obras mías.

[3] Véase de estos autores *El cálculo del consenso*, Editorial Planeta Agostini. Barcelona.

unidad de decisión es el individuo, en el nuestro será ese mismo individuo la unidad de análisis.

Como se ampliará más adelante, el mito parte de una creencia, pero lo que lo transforma en mito es una suerte de fantasía que se crea asimismo en torno a dicha creencia, cabe pues hablar de la fe en el mito. En cualquier caso, el mito nace como creación individual y sólo se transforma en *social* cuando otro u otros individuos más, comparten el mismo mito con su originador. De todo lo cual nos ocuparemos de ampliar en los capítulos venideros.

La tesis de este libro —y sobre lo que versa su contenido— es que nos encontramos inmersos en una sociedad mítica. La sociedad no ha dejado de ser mítica por su "evolución" desde lo que se da en llamar el "primitivismo" hacia la "civilización", sino que -sin perjuicio de la predicha evolución- en forma paralela, sostenemos ha existido una evolución mítica, o -quizás más propiamente- una mutación mítica en la sociedad. Los antiguos dioses y animales fabulosos de los pueblos ancestrales han trocado en doctrinas, creencias, ideologías, etc. en cuya gestación han tenido un papel preponderante filósofos variados, entre los cuales destacan tres: Platón, Hegel y K. Marx, y sus discípulos, de acuerdo a lo expuesto por K. R. Popper en su libro *La sociedad abierta y sus enemigos.*

También nos proponemos hacer algún análisis de la manera en la que los mitos sociales influyen en nuestro comportamiento individual e -incluso- en nuestras propias creencias; análogamente, haremos cierta referencia a varios mecanismos mediante los cuales tales mitos se van fijando en nuestras mentes subconscientes, el papel que desempeñan en ello los hábitos y como se van extendiendo hábitos individuales hasta transformarse en sociales, lo que implica también considerar la forma en que adquirimos —aceptándolos— uno o más mitos sociales, incorporándolos a nuestra propia lista de mitos personales.

Otra de las tesis que sostendremos en este libro es que aun aquellas personas que a sí mismas se denominan "materialistas" creen en mitos, comenzando porque transforman el materialismo al que adhieren en no otra cosa que en un mito. En efecto, esas personas se creen pragmáticas o "prácticas" cuando —en realidad- no son menos mitómanas que las personas a las que despectivamente tachan de idealistas o utópicas. A tal engendro llamaremos aquí *el mito materialista.* Filosóficamente, también se conoce a este grupo como el de los realistas ingenuos, dado que sólo otorgan "realidad" a lo que perciben mediante sus sentidos externos.

No hacemos aquí una crítica al mito, tampoco proponemos su supresión o desaparición, sólo llamamos la atención sobre su existencia, sobre su realidad, y sobre muchas de las confusiones que generan los diferentes mitos cuando colisionan entre sí. La esencia del mito reside en su error, en su no conformidad con la realidad objetiva, es decir, encuentra su base en la ignorancia, ya sea total o parcial sobre el objeto que forma parte del mito, y su consecuencia más inmediata y visible es la utopía en cuanto a su realización. Nada de eso significa que los mitos carezcan de derivaciones prácticas, o que no afecten el mundo real, por el contrario, los mitos personales generan de continuo, efectos sobre las personas que los poseen y los mitos sociales hacen lo propio en las sociedades que los sostienen, y si bien el mito es irrealizable, las consecuencias de pretender a toda costa su materialización, resultan visibles en el mundo objetivo. Vamos a esbozar algunos de esos procesos en el curso de estas páginas.

Gabriel Boragina

La teoría del mito social
15

Capítulo 1 El mito

1.1. Definición

¿Qué es un mito? El diccionario nos da las siguientes definiciones:

mito 1.

(Del gr. μῦϑος).

1. m. Narración maravillosa situada fuera del tiempo histórico y protagonizada por personajes de carácter divino o heroico. Con frecuencia interpreta el origen del mundo o grandes acontecimientos de la humanidad.

2. m. Historia ficticia o personaje literario o artístico que condensa alguna realidad humana de significación universal.

3. m. Persona o cosa rodeada de extraordinaria estima.

4. m. Persona o cosa a las que se atribuyen cualidades o excelencias que no tienen, o bien una realidad de la que carecen.

mito 2.

(De or. desc.).

1. m. Ave paseriforme de la familia de los Páridos, con plumaje blanco, negro y rosado y larga cola blanca y negra. Es común en España y vive en los bosques, donde construye nidos cerrados de forma inconfundible.

Real Academia Española © Todos los derechos reservados[4]

En este libro nos ocuparemos de la definición número uno, (es decir, no hablaremos del ave) pero de la primera definición solamente, y en especial, de las acepciones 2 a 4.

En mi libro *Nuestra Divinidad,* hice una introducción a lo que denominé la "Teoría del Mito" como la he bautizado allí, que me propongo desarrollar con un poco más de extensión aquí, lo que implica que -de alguna manera-, este libro vendrá a ser una suerte de continuación de aquel.

Respecto al "por qué" he llamado al conjunto de las ideas que voy a exponer seguidamente "teoría del mito", no tengo ninguna explicación satisfactoria que darle al lector, excepto que no se me ocurrió otra manera de describir cuanto aquí pienso presentarle.

No sé, a ciencia cierta, si esta "teoría" es original o no, pese a que tengo fundadas sospechas que es muy difícil que lo sea, habida cuenta que, cuanto más leo y estudio, más a menudo me encuentro con ideas que creía que se me habían ocurrido solamente a mí, resultando ser que, mucho tiempo atrás (a veces siglos) ya habían sido pensadas y expuestas, ocurría que yo -simplemente- lo ignoraba. Lo que una vez más, le da la razón a Sócrates en cuanto se dice que éste sostenía que sólo sabía que nada sabía. Puedo afirmar que cada día que pasa, más me doy cuenta de lo realmente poco que sé de casi todo lo que antes creía saber. Lo que a su vez me recuerda, lo que Alberto Benegas Lynch (h) repetía a menudo -citándolo a Einstein- en cuanto a que "todos somos ignorantes, sólo que en temas diferentes".

En consecuencia, no sé —sinceramente- si tanto el título "teoría del mito" como el contenido de este libro, me son originales o no. Lo cierto es -y consiste en lo único que puedo asegurarle al lector-, que lo que aquí escribo no se lo he plagiado a nadie. Si alguien leyó antes, en otro libro, lo que aquí va a leer ahora, tenga -pues- la más completa seguridad que yo no lo he leído ni escuchado en parte alguna, excepto que cite fuentes (que a veces lo

---

[4] Real Academia Española-Diccionario de la Lengua Española - Vigésima segunda edición

hago) de muchas de las ideas que intentaré –si me es posible- desarrollar consecutivamente.

Seguidamente, cabe advertir al lector que, no se espera hacer en lo que viene una crítica del mito como algo recusable, tampoco se ensayará su elogio como algo "deseable", más bien pretendo hablar del mito como una realidad observable y -sobre todas las cosas- esbozar cómo considero que influye de una manera importante o -mejor dicho- muy importante, en la mayoría de nuestras realizaciones hasta abrazar toda nuestra existencia.

Puede decirse que, una de las tesis en torno a la cual girará este texto, consiste en que creo que vivimos en una sociedad en la cual, en tanto está convencida de la materialidad del mundo, de la verdad y de la realidad, tiene construidas tales convicciones sobre bases míticas. A pesar de lo cual, adelanto desde ya, y como el lector apreciará mejor –espero- al adentrarse en la lectura de estas páginas, no niego, de ningún modo, la realidad, la verdad ni la materialidad.

Como decía en aquel libro, -y recordará quien lo haya leído- si bien las definiciones tradicionales de "mito" están referidas a las civilizaciones del pasado, yo creo que la civilización actual no escapa a la tradición mítica.

1.2. La mutación mítica

Hemos dejado de creer –al menos donde vivo- en el animismo de truenos y tormentas, de relámpagos, aludes, maremotos y terremotos. El hombre moderno ya no danza para provocar la lluvia, ni tener una buena cosecha. Ya no entendemos que los fenómenos naturales o atmosféricos sean "castigos o premios divinos". No obstante, ello, creemos en otras cosas "modernas" pero igual de irracionales, y algunas, bastante más que esto último.

Hemos divinizado a ciertos entes y a ciertos seres, elevándonos a categorías místicas o míticas según sea el caso y el grado de nuestras creencias. Trataremos de analizar ambos aspectos. Podríamos decir que nuestros mitos ya no residen tanto en el mundo natural como en el social.

En esto, probablemente tenga mucho que ver el fuerte contraste que a menudo se traza entre las ciencias sociales y las naturales, destacándose el notable progreso realizado entre las últimas frente a las primeras. Este progreso puede ser cierto en gran parte, pero en todo caso yo lo atribuyo a la mayor atención que el mundo externo ha ejercido sobre el hombre, sobre todo a partir del siglo XVIII en adelante. Parece cierto que la ciencia y la humanidad -en consecuencia- se han dedicado más a investigar su entorno físico y químico, desarrollando técnicas para aprovecharse del mismo, actividad esta emprendida con más ahínco que la de aquella destinada a conocerse uno mismo.

En materia social, cada vez más tengo la impresión que la humanidad se ha manejado del mismo modo que como lo ha hecho con su entorno físico, considerando a su semejante, no como un ser humano con cuerpo y alma, sino como un elemento más del mundo físico y químico, con el cual, se pueden establecer relaciones de dos tipos —fundamentalmente-, ya sean de dominación o de sumisión. Creo que ejemplos históricos de esto último abundan, por citar sólo uno, recordemos los más de 18 siglos de vida de lo que fuera una institución social conocida como la esclavitud. Todavía existen, en muchas partes del mundo (y **quizás *a la vuelta de la esquina,*** como quien dice) una considerable tendencia a ver —y, peor aún, a tratar- a las personas, más como objetos, que como seres humanos.

Nuestros mitos modernos giran en torno, no solamente a personas determinadas, sino a conceptos o ideas que han arraigado fuertemente en nuestras mentes, las más de las veces, por la mera repetición y frecuencia en su exposición. Es decir, por una cuestión de hábito mental.

Muchas veces, -así- el objeto de nuestra divinización son conceptos intelectuales, tales como la nación, el estado, la sociedad, la patria, el gobierno, la colectividad, el grupo, etc. Entes -en definitiva- que no tienen sustancia material, por no ser observables en forma corporizada ni materializable (ejemplo de esto es el dicho "nadie ha visto, hablado, olido, ni oído, ni tocado a la sociedad"). En términos empíricos, no son -ni pueden ser- objetos de nuestra experiencia sensible.

Pero también tenemos una tendencia a mitificar muchas palabras; en efecto, como señala K. R Popper, el lenguaje tiene una importancia fundamental en la constitución del ser humano, al punto tal, que el filósofo austriaco centra en el mismo el origen del "yo".[5] Muchos mitos nacen de las palabras que usamos, es decir, del lenguaje hablado. Como veremos más adelante en mayor detalle, tenemos dos grandes tipos de palabras, aquellas que designan objetos materiales, perceptibles sensiblemente, y aquellas otras que denotan conceptos inmateriales, no perceptibles sensiblemente; una de las tesis de este libro, es que creamos mitos a partir del segundo grupo, en mayor cantidad y variedad que las del primer grupo.

En otros términos, terminamos creyendo en la materialidad de muchas construcciones semánticas, y esta convicción se forja —en mi opinión- nuevamente por su habitualidad. El lenguaje sirve así, no sólo para crear mitos, sino también el lenguaje mismo es objeto de mitificación. De este modo, mucha gente cree en cosas y en la realidad de tales cosas —simplemente- porque "alguien" a quien admiran o aprecian, las supo expresar verbalmente con convicción y en un lenguaje fresco, claro y convincente. Muchos políticos —y en otro ángulo diferente- novelistas, narradores y literatos, han gozado de este favor de las masas. Nacen mitos del lenguaje y el lenguaje termina -muchas veces- convirtiéndose a sí mismo en un mito.

Prueba de ello es la importancia que se le da a los cursos, profesores y libros de oratoria, que forman parte —incluso- de planes de estudios en carreras de grado y de postgrado, llegando a constituir, en muchos casos, auténticas carreras autónomas. El arte de convencer y de persuadir, que mediante la oratoria se persigue en forma abierta, no constituye otra cosa que la posibilidad de construir en los demás, imágenes mentales de móviles o ideales que puedan ser dotados de suficiente realidad como para movilizar a los demás a favor de planes ajenos, y —dicho todo esto- sin abrir juicio de valor sobre la bondad o maldad de tales planes.

El materialismo y un cierto relativismo filosófico, político y económico, defienden la existencia de estos entes ideales como si fueran materializados, corporizados o materializables. A veces, emplearemos la expresión *entes ideales* como sinónimo de "mito" y en el caso que no le asignemos dicho significado, lo aclararemos en forma expresa.

---

[5] Véase K. R. Popper, John Eccles, *El yo y su cerebro*, Paidos. Barcelona.

También tendemos a materializar alguna idea de Dios que poseemos, y que, por alguna razón, hemos identificado con cierto ser u objeto material, con lo que pasamos, -queriéndolo o no- a divinizar dicho ser u objeto material. Este proceso, bastante frecuente, parte de una idea -por lo general- inculcada en nuestra infancia y que reforzamos a lo largo de nuestra vida. Muchas veces personalizamos la idea de Dios que nos han imbuido en la escuela, y terminamos creando un "dios" personal, lo que significa que la idea de Dios es percibida e interpretada por cada uno de una manera diferente, lo que no implica -ni siquiera sugiere- que en ello haya ideas "acertadas" frente a otras "equivocadas". Pero proyectar la idea de Dios en algún objeto o persona del mundo físico, implica un serio error, ya que, entre otros, significa reducir a Dios a ese objeto o persona. Y Dios no puede ser "reducido" de ningún modo. Esto último es lo que se conoce como idolatría y cuya condena es tan antigua que basta leer La Biblia para verificarlo. En lo posible, trataremos de dejar de lado, cuando abordemos más en detalle este tema adelante, cualquier connotación religiosa del argumento, sin perjuicio de adelantar al lector que el autor abriga convicciones religiosas, que quizás influyan en lo que se diga al respecto. Quien escribe este libro no es —ni vaga ni precisamente- ningún ateo religioso.

Necesariamente, el análisis de estas cuestiones nos llevara de la mano al eterno debate entre lo real, lo material y lo verdadero. Creo importante aclarar a esta altura, que no identifico para nada lo material con lo real, excluyendo lo demás. Como ya he dicho en el libro aludido arriba, opino que lo material es **real**, tan **real** como Dios o como una idea, un pensamiento, un sentimiento. Todas estas cosas son **reales** sin ser materiales. Ergo, para mí, real = material e inmaterial. Real es —en mi convencimiento- todo lo existente, esté manifestado o no-manifestado[6]. En tal sentido, nuestras fantasías serán *reales* pese a que no sean *materiales*.

Como he escrito en otra parte, parto de la base metafísica que lo material es un producto directo de lo espiritual, y ello, en todos los planos de la existencia, sea esta física o metafísica.

---

[6] Como hubiera aclarado en otros trabajos la expresión "manifestado" aludirá en este libro a lo exteriorizado, materializado o corporizado, en forma indistinta.

A su vez, me produce serios reparos identificar en términos absolutos y como sinónimos, la verdad con la realidad. Como he dicho antes en otra oportunidad, creo que la realidad es sinónima de todo lo existente, lo que involucra todas las cosas, tanto las falsas como las verdaderas, luego, sería una fragmentación inadmisible reducir la realidad **únicamente** a lo *verdadero*. Es falso –opino- el aforismo que dijo (y sigue repitiendo) "la única verdad es la realidad". Lo real contiene dentro sí tanto lo falso como lo verdadero. Lo falso es real, aunque sea falso y no verdadero. Sin duda, un ateo se sorprenderá de que aquí le diga que su negación de Dios es real pero falsa –a mi juicio- aunque en la idea y la discusión teológica -tanto para ateos como para creyentes- la identificación de "realidad y verdad" resulta fundamental, y es notable como ambos la aplican en sentidos opuestos a sus respectivas convicciones fuertemente antagónicas. Cuando el ateo niega la existencia de Dios[7] todos sus enunciados son reales, aunque al unísono sean falsos. Analizados por separado, la *negativa*, la *existencia* y *Dios* son los tres reales. La discrepancia con él, no será en cuanto a la *realidad*, sino en cuanto a la *verdad* de esa realidad.

En este sentido, tenemos como ejemplo, el mundo 3 de K. R. Popper, que este filósofo lo reputa como real, a pesar de que incluye en el mismo las teorías científicas, tanto las falsas como las verdaderas. Esto me parece –en cuanto a la distinción entre realidad y verdad- correcto, si bien participo de la crítica que le hace a ese "mundo tres" Pascual Martínez Freire, al comentar uno de los libros de K. R. Popper (*El yo y su cerebro*[8]).

1.3. *Mente y creación mental.*

Ya he comentado en otras oportunidades que creo en el principio hermético del mentalismo que, resumidamente, reza "TODO ES MENTE, EL UNIVERSO ES UNA CREACIÓN MENTAL". Explico seguidamente que entiendo por esto último que he afirmado:

Metafísicamente, sostengo que hay dos grandes planos de creación, uno que podemos llamar Supra mental y otro mental. Nombro Supra-mental a la Mente Divina, esto es, la mente de lo

---

[7] Dios es la máxima expresión de todo lo real y verdadero al mismo tiempo.
[8] Ver nota N° 5

que yo llamaré Dios[9]. También podríamos llamarle Gran Mente; Súper Mente, la expresión "Supra-mental" no implica estar "fuera" de una mente, "por encima" o "más allá" de una mente, sino que incluye el concepto de mente, pero magnificándolo. El plano mental, lisa y llanamente así denominado, es el plano mental humano. Todo el universo está contenido en ambos planos, con distintos niveles de creación, correspondientes cada uno, a sus respectivos planos. Así, el Supra Mental (Dios) es el creador del universo mismo, en tanto el plano mental (humano) -como producto, a la vez que partícipe del Supra-mental, pero sin confundirse con él- es el creador de lo que acostumbramos a llamar civilización, cultura, etc. tanto en sus expresiones materiales como inmateriales.

Llego a estas conclusiones por observación y reflexión. Me parece claro que el mundo sensible en el que vivimos responde a un cierto orden natural que no puede ser —opino- producto de un proceso caótico, desquiciado, ya que me resulta inconcebible que del caos surja el orden, siguiendo el principio de causalidad. Por ello, para mí es claro que, el universo responde a un diseño premeditado (aunque no sea -quizás- armónico, y a pesar de que en muchos casos sí, lo es) que sólo puede ser el producto de una Mente Inteligente, o -en términos más reducidos- de la nada no surge nada, la nada, nada produce. Dios creó el mundo de la nada, pero sólo Él puede hacer cosas semejantes, y Dios existe —necesariamente- porque si la nada no puede nada y Dios hizo el universo de la nada, -ergo- sólo lo pudo haber creado -en tanto y en cuanto- El haya existido siempre, porque Dios no pudo haber surgido de la nada. Todo lo contrario, Dios todo lo pre-existe, antes de crear el mundo de la nada, tuvo que haber creado a la nada, en consecuencia, Dios no pudo haber surgido de la nada, de lo contrario la nada sería Dios.

La forma o manera de referirse a Dios poco cuenta, dado que el lenguaje es un invento humano (no divino); en tal sentido, algunos creen ser claros cuando eligen cambiar la palabra Dios

---

[9] Quedará a gusto del lector poner aquí el nombre que crea conveniente, como por ejemplo La Vida, El Destino, La Naturaleza, El Universo, El Todo, Etc. etc. etc. yo -entre tanto- me seguiré refiriendo a todas estas cosas con una sola palabra: Dios.

por el TODO, pero -a mi modo de ver y de acuerdo a lo que he explicado antes- esto resulta completamente intrascendente. Podemos referirnos a Dios como el TODO o como la NADA, en ambos casos siempre nos estaremos refiriendo al mismo Ser omnipresente, omnisciente, omnipotente y todas aquellas cualidades o atributos que los teólogos y demás creyentes le atribuimos a Dios.

De allí que, concluyo que, si *todo* es mente (sea Supra-mental o infra-mente), todo lo que crea la mente es **real**. Cosa diferente es, si lo creado por la mente esta manifestado o in manifestado, si es verdadero o falso. ¿Cómo llego a estas conclusiones? Bien, parto de un sistema en algo parecido a lo que se conoce como método cartesiano o de la *duda metódica*. Y que otros autores denominan como "principio de correspondencia".

Mi punto de partida vendría a ser algo así o podría formularse de este modo: "Pienso, luego, tengo una mente". No tengo certeza alguna de haber sido el creador de mi propia mente, ergo, Alguien Superior a mí (y también con mente) debió haber creado la mía (y -desde luego- todo lo demás que resumo con la palabrita "yo"). Además, observo a los demás, que también parecen tener mentes, llegando a la misma conclusión, a saber: que todos ellos -y también yo- fuimos creados del mismo modo y por una causa (origen) común, a esta causa común es a lo que yo llamaré aquí Dios.

Este método es empírico porque -como se advierte- parte de la observación y de la reflexión, o -mejor dicho- de la reflexión aplicada a la observación del mundo circundante[10].

Me parece importante reiterar ahora que utilizo la expresión "manifestado" como sinónimo de materializado, corporizado, concretizado, realizado, etc., refiriéndome a lo visible y tangible, o mejor dicho y en representación más amplia, lo que está expuesto en forma sensible a nuestro conocimiento directo.

---

[10] El debate sobre si es el mundo el que provoca las ideas o son las ideas las que provocan al mundo refleja el gran debate filosófico entre empiristas y racionalistas que tanto animara al siglo XVIII, aunque -claro está- registra antecedentes muy remotos, ya hallándolos en los filósofos griegos.

Creo que lo que digo es claro, pero igual voy a poner un ejemplo. Un arquitecto tiene la idea de hacer una casa. La diseña *mentalmente.* Una vez que tiene el diseño mental, lo lleva al papel o al ordenador. Esa idea de la casa es **real** y lo es apenas aparece en la mente del arquitecto, porque es en ese momento donde la idea adquiere existencia. Allí -en la mente del arquitecto- la casa ya existe. No importa que en el mundo material la casa aun no pueda ser vista, tocada, etc. porque aún no se encuentre construida. De una u otra forma, la casa ya existe en el mundo, porque el arquitecto (su autor) está en el mundo, y está pensando y su mente está creando, entre otras cosas, esa casa. Entonces, la idea de la casa, si bien no es la casa "material", es la casa "real". La casa existe, aunque aún no se haya puesto un sólo ladrillo para comenzarla. Así funciona -a mi modo de ver—lo que algunos han llamado el principio hermético[11] de mentalismo, que luego fue reelaborado sirviendo de base a otras doctrinas filosóficas tales como el idealismo. De algún modo, puede decirse -entonces- que lo real es lo conocido, aunque no esté materializado, y aun cuando sea solamente conocido por una sola persona en todo el mundo, y —claro está- lo conocido debió antes de ser conocido, haber sido creado; lo creado siempre es conocido, al menos por su creador, porque ningún creador puede -por lógica- desconocer su propia creación, sin embargo, esta creación (conocida por su creador) puede ser desconocida por el resto de las personas, no obstante lo cual, será siempre real, en una suerte de realidad privada; luego, si llega a ser conocida por otras personas, seguirá -sin duda- siendo real, pero en este caso, podría hablarse de una realidad pública de la cosa.

Desde luego, como el lector observará, me aparto en forma deliberada de todas las definiciones convencionales que sobre estos conceptos podemos encontrar en cualquier diccionario filosófico —e incluso psicológico- aunque en algunos puntos notará también el lector coincidencia con ciertos aspectos de unas teorías filosóficas.

Pero volvamos al ejemplo de nuestra hipotética casa.

---

[11] Se le llama así porque se atribuye su autoría a Hermes Trismegisto, cuya existencia según algunos autores es dudosa, y seria anterior a la de Abraham, el célebre patriarca bíblico. Nada se ha probado al respecto.

Posiblemente, la casa no se manifieste en el mundo exterior de la forma exacta que surgió en la mente del arquitecto, de la misma manera que, viablemente, un hijo nuestro no nazca con el color de ojos que imaginamos que debería traer. Pero nuestras creaciones siempre adolecen de detalles, son imperfectas, en gran parte porque, hemos olvidado nuestra divinidad. En realidad, es más grave aún: no sólo la hemos olvidado, sino que insistimos en negarla. Pero ya hemos hablado de esto en otro sitio[12].

Con lo expuesto, lo que quiero decir es que los mitos de los que discuto acá, no son simples fantasías, sino por el contrario, cosas muy reales. El infierno –por ejemplo- existe sobre la tierra porque el hombre cree en él. Y de la misma manera, si la raza humana tuviera la misma convicción, podría crear el paraíso sobre la tierra. Pero como ambas ideas (infierno y paraíso) se encuentran divididas y esparcidas ellas en las mentes de millones de personas, el mundo material es un resultado de todas esas combinaciones de "infiernos" y "paraísos". Así tenemos manifestaciones reiteradas de unos y otros, donde quiera que vayamos y estudiemos la época que estudiemos.

Lo que se opone al mito es –comúnmente- lo que se considera lo verdadero o real, ya que la mayoría de las personas hablan de estos dos últimos conceptos como si fueran sinónimos, postura que aquí rechazamos. Por eso, me propongo debatir en lo que sigue los conceptos de verdad y mentira o verdadero o falso con algún detalle y sin agotar el tema, por supuesto.

El proceso del "mentalismo" o "idealismo" a que aludimos antes (lo llamaremos –preferentemente- "mentalismo" para no confundirlo con el idealismo que es una corriente filosófica un tanto alejada a lo que sostendremos en este trabajo) consiste en tres etapas o pasos que podemos sintetizar así: "lo pensaste, lo creíste, lo creaste". En suma, este proceso requiere:

1°)   Un pensamiento o idea.

2°)   La creencia en la realidad y/o verdad de tal pensamiento o idea.

---

[12] Véase nuestro libro *Nuestra divinidad*

3º)		El paso dos es el que termina materializando los elementos contenidos en 1º, y lo que da como resultado la conclusión Nº 3.

Todos nosotros tenemos miles (o millones, en la vida) de pensamientos o ideas, pero solamente creemos en algunas de ellas, por muchas que sean. Es decir, raramente se da el caso que todo lo que pensamos sea todo aquello en lo que creemos. Para expresarlo directamente: de todo lo que pensamos, una parte la creemos cierta, una segunda parte la negamos como falsa, y la tercera —sencillamente- dudamos de su verdad o falsedad. Nada de lo que pensemos escapa a una de estas tres posibilidades. Lo que ignoramos puede encontrarse localizado en cualquiera de las tres áreas. Podemos tener certeza sobre algo, pero esa certeza bien puede basarse en la más pura ignorancia por falta de información o de formación adecuada, por ejemplo, cuando había personas que creían cierto que el sol se movía alrededor de la tierra y no al revés. A la inversa, algo que creemos falso puede ser verdadero, cuando -en el mismo ejemplo- se consideraba falso que la tierra se moviera.

Pero una vez que forjamos la convicción en una idea o pensamiento, es decir, una vez que damos el paso 2, si esa creencia es sostenida y reforzada en el tiempo, es bastante probable -en una probabilidad superior a un 80 %- que se cumpla con el tercer paso, la creación material de 1 (la idea original). Claro que esto sólo será cierto en un ámbito muy restringido y acotado ; el ámbito personal, habida cuenta que los demás tienen el mismo poder creativo, no obstante lo cual, el objeto de sus creencias puede ser —y bastante a menudo lo es- muy diferente al de los demás, y en ello se basa -en última instancia, según considero- la enorme variedad que observamos en el mundo, tanto de ideas, como de cosas y de personas, lo que nos permite decir que el mundo diverso es producto de ideas y convicciones diversas, que a veces pueden complementarse, en tanto otras veces se enfrentan y confrontan, a veces con inusitada violencia.

Todo lo que nos pasa, seamos o no conscientes de ello, es producto de un proceso similar al descrito.

Resulta particularmente de interés que K. R. Popper haya argumentado -con mucha razón- que el origen de la ciencia moderna tiene su raíz en la mitología antigua[13].

Los modernos mitos sociales son, en muchos aspectos, columnas sobre las cuales están asentadas nuestras tradiciones y cultura. En diversos sentidos han sido grandemente útiles a una mayoría de personas. En muchos otros —sin embargo- han servido de freno a la creatividad y el desarrollo humanos.

Los mitos sociales nacen —por supuesto- de los individuales, y si bien el objeto de este libro son los primeros y no los segundos, algo deberemos decir de estos últimos para poder comprender un poco mejor a aquellos.

Los mitos tienden a estratificarse y consolidarse cuando se los considera "verdaderos" durante una gran cantidad de tiempo y cuando esta antigüedad es sostenida, además, por un gran número de personas. Esto es lo que -en líneas generales- puede ser considerado como una tradición o -en cierto aspecto- lo que se llama cultura.

---

[13] Véase K. R. Popper, *Conjeturas y refutaciones*. Editorial Paidos. Barcelona.

Capítulo 2. Nuestra fuerte propensión a crear mitos

Tal y como expuse en mi libro *La credulidad,*[14] una de las características del ser humano es su fuerte propensión a crear mitos, inclinación que no hemos abandonado con el curso de los siglos, tan sólo hemos "modernizado" tratando de convencernos de que somos seres "racionales siempre" y que no creemos en mitos[15]. ¿Quién no ha escuchado de otro en una conversación cualquiera expresiones tales como: "te aseguro que es así... te digo la verdad... fue probado científicamente... "[16] etc. y palabras por el estilo? La mayoría ¿verdad? Y las decimos "absolutamente convencidos" y ya casi en forma automática la generalidad de las veces[17]. Estamos persuadidos de que no fallamos, que nos "las sabemos todas" y que nuestras convicciones están y estarán siempre fuertemente respaldadas por la "realidad", otra palabra esta última (realidad) que repetimos con tanta frecuencia y con tanta seguridad de ser sus dueños, que "realmente" damos lástima. Lo que

---

[14] https://libros-gsb.blogspot.com/

[15] En rigor, creemos en nuestros propios mitos y tenemos tendencia a rechazar los mitos ajenos, paradójicamente, los únicos que reconocemos como mitos, sólo cuando no son conformes a los nuestros.

[16] Lo que además de una fuerte dosis de mitomanía revela, además, otra más fuerte de pedantería y soberbia.

[17] Raramente examinamos la racionalidad de nuestras aserciones, pero siempre lo hacemos con las de los demás.

estamos haciendo diariamente -o muy frecuentemente- es no otra cosa, que llamar "realidad" -pura y simplemente- a lo que nosotros creemos y de lo cual nos hallamos convencidos.

En contexto, lo que hacemos normalmente es racionalizar nuestros mitos, a veces a extremos de llegar a perder conciencia del origen mitológico de lo que termina siendo lo que creemos una idea racional, simplemente por haber olvidado su origen.

El mito tiene la particularidad de generar reacciones en cadena, y –generalmente- de un mito se crea otro, y de este, otro, y así sucesivamente, se hace una cadena de mitos de mayor a menor, al punto tal, que los diferentes destinatarios de las múltiples versiones pierden conciencia tanto de la fuente de la especie como del destino de la misma. Lo que facilita tremendamente la expansión del mito es la limitación del conocimiento humano, que implica la imposibilidad de poder comprobar física y personalmente una y cada una de las cosas que llegan a nuestro conocimiento por medio de las percepciones y de los sentidos. Y dado que nuestra capacidad de conocimiento es limitada pero nuestra imaginación y fantasías –contrariamente- no poseen límite alguno, no puede llamarnos la atención que seamos más propensos a fantasear, imaginar y fabular, por encima y con absoluta preferencia a racionalizar. La creación de mitos responde, creo yo, a esta última tendencia, somos más "activos" fantaseando, fabulando e imaginando cosas, personas y situaciones, que lo contrario.

No nos referimos tanto a la habitual tendencia a mentir de la gente, la que no es tan pronunciada como verdaderamente se cree, sino a la otra tendencia mucho más frecuente y más fuerte: de creer crédulamente lo que *prima facie* tiene apariencia de verdadero (o como se mal dice, de real). De esto nos hemos ocupado en nuestro libro *La credulidad.*

Lo que diferencia al mentiroso del mitómano, es que el primero sabe perfecta y conscientemente que lo que afirma como verdadero es falso, en tanto que el último –inversamente- cree que es "verdadero" lo que afirma como "verdadero", ignorando que es falso. Impropiamente –a nuestro juicio- existe una tendencia a llamar mitómano a aquel que tiene una exagerada tendencia a mentir. Yo no creo que sea así, y por tal motivo prefiero llamar a este último, sencillamente, un mentiroso compulsivo. El mitómano –en tanto- está convencido de la verdad de lo que ignora como falso. Es válido también decir que el mitómano es una persona profundamente equivocada casi en todos los aspectos de las cosas, grandes o pequeñas; el mentiroso puede ser muy inteligente y además muy instruido, no obstante, lo cual deliberadamente procurará engañar a los demás. El mito es aquello con lo "emparchamos" nuestra ignorancia.

Pero ¿por qué decimos que la gente tiene una fuerte tendencia a crear mitos? En mi particular opinión es un problema de educación que venimos arrastrando, en el más literal sentido de la palabra.

De niños éramos naturalmente fantasiosos y nuestros padres y/o mayores alentaban de continuo esa utopía que ya naturalmente traemos por la novedad del mundo y el carácter inexplicable de los fenómenos con los que nos enfrentábamos de pequeños. Nuestra niñez se plagó de relatos de héroes y villanos, cuentos de hadas, fábulas de animales y humanos interactuando y dialogando entre sí; y esto no es un fenómeno de nuestra cultura contemporánea, sino que es algo que viene desde hace muchos años, basta calcular la antigüedad de célebres historias de niños repetidas una y mil veces durante decenios completos como Caperucita Roja, El gato con botas, Blanca Nieves, Cenicienta, Etc. Las fantasías es el medio en el cual nacemos y en el cual nos criamos y permanecimos expuestos durante una buena parte de años.

Cuando se nos va introduciendo -a medida que vamos creciendo- en el mundo de los adultos y tomamos contacto con las primeras letras del saber en la escuela, ello no implica, de modo alguno que hayamos perdido nuestra natural tendencia a fantasear, que —además- fue reforzada en nuestros primeros años de vida que son aquellos donde las cosas, personas y fenómenos del mundo nos causan más impacto. Cierto es que a escala consciente olvidamos la mayoría de los hechos de nuestra niñez, salvo los más significativos o los más impresionantes, pero la mayor parte de tales sucesos son solamente olvidados por la mente consciente, a pesar de lo cual, la otra mente, la inconsciente, alberga absolutamente toda la información recogida durante esa etapa de nuestra vida.

El adulto no es más que una prolongación del niño que no modifica sustancialmente las básicas pautas culturales recibidas, por muy "rebeldes" que nos creamos, inconscientemente llevamos incorporadas las guías que se fueron cimentando en la niñez; y si bien adquirimos otras y modificamos, rectificamos y agregamos nueva información a nuestro bagaje intelectual, el cuál -incluso- llegamos a desarrollar en algunos casos, la mayoría de las personas conservan ciertas cosas aprendidas de pequeños, por ejemplo la tendencia a fantasear, ayer con juegos; hoy ya adultos, con otro tipo de cosas; quizás una pareja, un trabajo bien remunerado, un viaje, un ascenso laboral, o ganar una fortuna, etc. son los "objetos" o fines con los cuales pueden y suelen fantasear muchas personas adultas. La fantasía o la actitud fantástica no reconoce límites ni es privativa de ninguna etapa de la vida en particular, es una característica del ser humano en sí mismo, que algunos, claro está, tendrán más desarrollada que otros, pero que todos -en mayor o menor grado- poseemos.

Esta es una de las bases —conjeturo- que nos hace fantasiosos y -por lo tanto- creadores y generadores de mitos. La mayor parte de nuestros mitos se crean de este modo incongruente, y de la misma manera, solamente creemos en ellos sin mayor análisis ni reflexión, a veces por comodidad y otras veces por verdadera imposibilidad.

Existe otra razón —en mi opinión- que nos hace creadores de mitos, y se trata de la natural tendencia humana a saber, a conocer y a encontrar una respuesta a todo aquello que aparece ante nuestros sentidos o intelecto y que nos resulta muy difícil o —directamente- imposible de entender; y cuando no encontramos una explicación o cuando ninguna de las recibidas nos resulta satisfactoria, tenemos la tendencia a crear la nuestra propia, la que cuando no poseemos manera ni elementos para corroborarla, se termina transformando en lo que es materia de comentario de este libro: en un mito.

Con todo, el lector deberá tener presente que en esta obra hablaremos del mito como una suerte de sinónimo de lo utópico, de lo irrealizable, en la inteligencia que muchos productos de nuestra fantasía han sido y son realizables, con lo que señalamos ya aquí una distinción entre la fantasía y el mito, el mito se tratará en este texto como utopía, en tanto que la fantasía podrá dar lugar a mitos o bien, a realidades materiales. Podemos creer que el mito es una realidad material o psicológica, pero será tan sólo una realidad en el ámbito interior, por eso permanecerá siempre en el terreno de lo utópico, en tanto que la fantasía desembocará en mito o en verdad.

La necesidad de explicar lo inexplicable, la imposibilidad de contar con todas las respuestas, la vastedad de situaciones nuevas con las que podemos encontrarnos y sobre las cuales carecemos de datos, y fundamentalmente la exigencia de resolver los problemas que se nos van presentando, nos obliga a ensayar explicaciones, en una palabra, a teorizar, ya que la búsqueda de soluciones a nuestras dificultades implica que, lo sepamos o no, nos veamos en la alternativa de teorizar. En este proceso, la materia prima con la que contamos es -en primer término- lo que sabemos por habérnoslos enseñado los demás, ya sea que por "los demás" entendamos a nuestro entorno inmediato o bien, a lo que solemos llamar la sociedad.

A su vez, muchos de los mitos en los que creemos pueden afectarnos personalmente, remotamente o carecer por completo de incidencia sobre nosotros. Numerosos mitos que tuvieron que ver con lo científico, como la popular creencia de otrora en la planicie de la tierra, poca incidencia tenían para la mayoría de las personas de aquellas épocas cuyo poder de desplazamiento era por zonas muy reducidas, y que en el hipotético caso de que la tierra hubiese sido plana jamás lo hubieran podido comprobar por sí mismos[18]. En cambio, los mitos que tienen que ver con las relaciones sociales son de una gravitación más directa, y pueden afectar considerablemente nuestra vida personal. Este libro se refiere a estos últimos en forma preferencial.

1.4. Orden y caos social

Como he tenido oportunidad de exponer en otras ocasiones estoy convencido de la existencia de un orden universal, cosa muy diferente a decir que conozco cada aspecto y cada punto de ese orden universal, sin embargo, una mayoría de personas considera estar al tanto de ese orden universal, identificarse plenamen-

---

[18] En cambio, si era algo que pudiera preocupar a los marinos de aquel entonces.

te con él y hasta convertirse en su auténtico intérprete. Curiosamente, esta creencia de la mayoría de las personas, al ser generalizada, transforma la vida social (y por extensión, la particular) en un completo caos. No es el orden universal el que genera el caos, sino que este nace de la convicción de muchas personas de conocer e interpretar adecuadamente ese orden universal y -de tal modo- pretender imponérselo a los demás. Como la mayoría de las personas creen (individualmente) -de la misma manera-, ser los auténticos y exclusivos intérpretes de ese orden único, el conflicto de proyectos tendientes a imponer un orden mundial —o local- es lo que desemboca en el caos. Esta es, a mi modo de ver, la razón última del caos social. Parte de -lo que llamo- tratar de asumir una visión profética.

Muchas personas son reactivas al caos, quizás una mayoría de ellas, y buscan -casi instintivamente- el orden. No me estoy refiriendo, claro está, a ejemplos minúsculos, hogareños y puntuales de orden, como puede ser el de alguien que intente ordenar su guardarropa o sus zapatos, me refiero a un orden más general, consistente -en última instancia- en la búsqueda de una cierta regularidad, tanto de las acciones como de las reacciones, sean propias y ajenas. Los seres humanos necesitamos de un mínimo de previsibilidad para poder vivir humanamente (valga la redundancia). El prestigio de la ciencia, se basa, en una medida no menor, en la fama de su alto valor predictivo, convirtiéndola —casi- en una suerte de sinónimo de la palabra "orden".

Metafísicamente, comparto la idea de que Dios, impone un orden general al universo (y al mundo, obviamente) y deja al libre albedrío humano la adopción de órdenes más pequeños (digamos) de índole particular, que son los que desembocarán en lo que se llama a menudo el orden social.

Sin embargo, como la naturaleza —sostengo- es múltiple y lo que sucede en el mundo es —en virtud de ese mismo libre albedrío- gran parte responsabilidad de la raza humana, el orden conveniente para cada persona en particular, también será variable en función de su peculiar naturaleza.

El caos, o lo que así llamamos, no es más que una percepción psicológica, por la cual, tratamos de explicar el mundo externo en la medida que en él sucedan cosas que no encajan -total o parcialmente-, con nuestra particular idea personal de lo que consideramos "orden". Este fenómeno –como todos los fenómenos sociales- nace en las relaciones individuales. Por ejemplo, aquel padre que no comprende ciertas conductas de sus hijos tenderá a verlas y llamarlas "caóticas" (sobre todo si estas se repiten con cierta frecuencia). Fuera del ámbito familiar, y ya en forma más extensiva, todas aquellas cosas que pasan en el mundo y que –de idéntico modo- no encuadran con nuestras personales ideas sobre lo que debería ser el mundo, también, vamos a tener una tendencia a llamarlas de la misma manera, a saber: caóticas.

En forma resumida, podemos decir que el caos podría definirse -en términos mucho más simples- como todo aquello que sucede dentro o fuera de nosotros y que –sencillamente- no comprendemos, o bien, nos parece contradictorio. Frente a esto, que -puede decirse- es casi, un fenómeno psicológico natural, podemos adoptar dos actitudes diferentes, a saber: aceptar la existencia de órdenes personales múltiples, es decir, tantos órdenes como personas existan en el mundo, o bien, negarlo, y –a renglón seguido- considerar que sólo nuestra propia y personal concepción del orden es la correcta. Esta última forma de pensar, lamentablemente, creo que es la más generalizada de las dos. Y encierra, como tal, un grave peligro, que consiste en que si la persona o personas que piensan de este modo (en un orden único y que, además, son las poseedoras de las claves de ese orden único) adquieren cierta cuota de poder, intentarán, más tarde o más temprano, imponer -de una forma o de otra-, su personal concepción del orden al resto de sus congéneres. De esto último a la dictadura, la tiranía y el totalitarismo, cuando esto se extiende a gran escala, no media más que un paso simple.

Sin embargo, para que este segundo grupo de personas pueda imponer su personal criterio de orden al resto, es necesario que exista un tercer grupo que comparta su misma visión, pero desde un ángulo sustancialmente opuesto. Las características de este tercer grupo son que -como el segundo- también creen en un orden único, pero la diferencia con el grupo anterior, radica en que consideran que este -o algunos de sus miembros- son los "elegidos" para imponer su personal (y –a su juicio- "verdadero") criterio de orden al resto de los seres humanos. En otros términos, estamos describiendo la tradicional división entre dominantes y dominados, los primeros convencidos de estar llamados a imponer el orden "verdadero" y los segundos, plenamente persuadidos de la verdad de estos últimos y dispuestos a aceptar –además- sumisa y complacientemente, que ese orden único se les imponga por ser el "verdadero".

En este último caso, es frecuente que el orden "único" a imponer se estructure detrás de una doctrina, que suele venir respaldada por alguna teoría que le hace de sustento. El colectivismo (en cualquiera de sus variantes, ya sea la marxista, la nazista o la fascista) es –a mi juicio- un ejemplo paradigmático de un orden "único" cuya imposición por medio de la fuerza estará a cargo de líderes carismáticos "providencialmente" elegidos.

De mi lado, estoy plenamente convencido del factor mítico que esta última estructura contiene, a la vez que hago notar, que el mundo entero se rige -desde prácticamente su comienzo-, por este sistema mítico de dominación, impuesto por unos y aceptado –jubilosa o resignadamente- por los demás.

Capítulo 2 En torno al subjetivismo.

Hemos hablado antes del mito social y del individual, estableciendo a este último como el origen del primero. La cuestión nos lleva de la mano hacia la eterna polémica filosófica (y sociológica) sobre el subjetivismo y el objetivismo. Para analizar los vínculos y relaciones entre ambos tipos de mitos (individual y social) debemos -en primer lugar- echar una mirada al individual y ver qué clase de relación tiene (si la tiene) con el subjetivismo.

Abordaremos —pues— seguidamente el tema del subjetivismo para cual, lo haremos con una típica definición de los diccionarios de filosofía.

1) Subjetivismo. Primacía excesiva de lo subjetivo. Actitud de quien no juzga las cosas y los acontecimientos con objetividad, sino con una marcada deformación subjetivista. Viene a ser una forma de escepticismo y de relativismo. Afecta al conocimiento de la realidad, a los juicios de valor y a los criterios que guían la conducta personal.[19]

---

[19] (Breve diccionario filosófico. Libro de texto para 1º de Bachillerato de José Ramón Ayllón (ed. Edelvives). Fuente: http://xserra.net/filobac/notas_tecn/00diccionario.htm

2) SUBJETIVISMO: Tendencia a enfocar toda cuestión o co-nocimiento según las condiciones o los estados del sujeto.

OBJETIVIDAD: Condición de lo que es objeto, como opuesto a lo subjetivo (vid. SUBJETIVIDAD). Se dice también de la intención de ver o expresar la realidad tal como es.

Hasta aquí me he limitado a reproducir las definiciones que he encontrado sobre el subjetivismo y su opuesto (la objetividad u objetivismo[20]). Me propongo a continuación analizarlas. Comenzaré por la definición que nos ofrece Ayllón. La primera duda que se nos plantea es ¿a qué se refiere Ayllón con la palabra "excesiva"? ¿Cuándo algo es "excesivo" y cuando no lo es? Juzgo que Ayllón utiliza la palabra "excesiva" *subjetivamente* tratando de objetivarla. Lo mismo respecto a la utilización de la frase "marcada deformación". Véase el sentido **peyorativo** que le da Ayllón a las expresiones que he trascripto. Curiosamente, Ayllón no define en su diccionario el término objetividad (definición que hemos obtenido de otra parte).

Ayllón dice del subjetivismo que "Viene a ser una forma de escepticismo y de relativismo" definiendo el relativismo como: "Relativismo. Se refiere tanto al conocimiento como a la moral. En sentido epistemológico es la tesis que niega la existencia de verdades absolutas, universales y necesarias: todas las verdades son relativas para el relativismo, dependen de diversas condiciones y circunstancias que las hacen particulares y cambiantes. Es claro que todo en la realidad es relativo en el sentido de que todo está relacionado; pero la realidad, siendo relativa, es objetiva al mismo tiempo; en cambio, el relativismo niega la posibilidad de establecer verdades objetivas."

El subjetivismo que defiendo en este libro no "niega la existencia de verdades absolutas, universales y necesarias" sim-

---

[20] En un sentido completamente diferente al que tratamos en este libro la filósofa Ayn Rand ha denominado a su filosofía con el término "objetivismo". Pese a lo cual, hemos constatado que ya en el tiempo, varias han sido las corrientes filosóficas que opuestas a Ayn Rand –y aún muy anteriores a ella- se han disputado para sí el título de "objetivistas".

plemente dice que es imposible conocerlas a priori. Y que es imposible conocerlas a priori para cualquier individuo, incluyendo -desde luego- al Sr. Ayllón y a todos aquellos que opinan tal como él lo hace.

El subjetivismo que patrocino dice que esas verdades "absolutas, universales y necesarias"[21] solamente pueden ser descubiertas a través de un proceso de ensayo, de prueba y error. Pero a la vez, mi subjetivismo admite que es imposible llegar a conocer todas esas verdades "absolutas, universales y necesarias". Es decir, algunas de esas verdades pueden conocerse, otras no, y nunca todas. Como explicamos en este mismo libro, sólo tendremos acceso a fragmentos de esas verdades absolutas, etc. partes de esas verdades que a su vez serán volátiles e inestables.

Claro está, que ciertos autores, como por ejemplo K. R. Popper, negarían en forma enfática que lo que acabo de decir fuera subjetivismo, pero lo que en realidad sucede, es que tanto los autores citados, por un lado, como yo -por el otro- utilizamos la expresión "subjetivismo" de manera diferente, en cierto grado.

Como se ve, mi subjetivismo no niega la existencia de nada.

Por eso mi subjetivismo tampoco tiene nada que ver con el escepticismo que Ayllón define como "Escepticismo. Del griego scepto: observar, examinar. Postura iniciada por Pirrón (siglo v a. C.) Afirma que la verdad no existe, o que, si existe, el hombre es incapaz de conocerla" ya que mi subjetivismo no postula la incapacidad de conocer la verdad[22]. Si, postula mi subjetivismo la incapacidad de conocer TODA la verdad para un específico individuo, es decir, la verdad absoluta en forma completa. Afirmar que alguien conoce o posee la verdad absoluta en forma completa es negarle dicha posibilidad a cualquier otro individuo, y una posición filosófica semejante cae más tarde o más temprano y en forma inevitable en el totalitarismo, que el propio Ayllón define como: "Totalitarismo. Hegel afirmó que el Estado debe ejercer la «totalidad» de las funciones, y Mussolini calificó de «totalitario» su

---

[21] Estas verdades solo las conoce Dios. Y conocemos a Dios por medio de la fe.

[22] Dejamos para más adelante el debate sobre lo que es o no es la "verdad".

propio régimen. Se define como régimen político que ejerce fuerte intervención en todos los órdenes de la vida nacional, concentrando la totalidad de los poderes estatales en manos de un grupo o partido que no permite la actuación de otros partidos. Surge como nazismo y fascismo en países vencidos en la primera guerra mundial, y al poco tiempo su mejor encarnación será el marxismo y algunos regímenes dictatoriales."[23]

Tampoco es dable que grupo alguno alegue conocer la verdad completa. Ni grupos ni individuos. Es dudoso –incluso– que la verdad completa se halle depositada en toda la humanidad existente en el pasado o en el presente. De todos modos, si toda la humanidad, es decir, cada una de las personas pasadas y presente poseyeron o poseen la verdad completa nos resulta individualmente imposible conocerlo con certeza, como imposible nos resulta conocer cosa alguna con certeza absoluta. Sólo Dios lo puede. En ese sentido -estamos con K. R. Popper-, sólo podemos conjeturar. Pero continuemos con los peligros totalitarios que encierran las posiciones objetivas o pretendidamente objetivas.

Los objetivistas tienden a ser totalitarios, cuando sus pretensiones de objetividad se confunden en forma accidental o deliberada con la de conocer con mayor o menor certeza la naturaleza de las cosas.

Yo creo que la misma evidencia da fuerte apoyo al subjetivismo tal y como lo he definido, apartándome de la definición claramente peyorativa de Ayllón (que es la general y no exclusivamente de este autor). Pero, el subjetivismo que defiendo no tiene pretensión alguna de conocimiento absoluto o verdadero, lo que -en otros términos- implica a querer decir que la verdad no es verdad porque yo crea o piense que lo es. Subjetivamente puedo considerar (y solamente puedo hacerlo en forma subjetiva), que la verdad puede estar fuera de mí y que -en última instancia- muchas veces (o la mayoría de las veces como realmente creo), efectivamente, lo está.

Como dijera ya en otra parte, en definitiva, considero que el objetivismo (u objetividad) no es más que, en última instancia, reconocer como verdaderas las subjetividades ajenas, pero sin

---

[23] Llama la atención esta definición en un diccionario filosófico. Más allá del acierto del concepto.

nombrarlas. Lo único perceptible en el ámbito sensible es un mundo subjetivo. Cuando alguien le pide a otro (frecuentemente en medio de un debate o polémica) que sea "objetivo", en rigor, lo que le está pidiendo es que acepte el propio punto de vista del tercero que así objeta, y que el mismo proponente define como "objetivo". No hay pues, neutralidad posible en cuanto a lo objetivo y lo subjetivo, en tanto que no podemos dejar de ser subjetivos, aun cuando reconozcamos el mundo objetivo, lo hacemos subjetivamente. Existe un mundo objetivo, que sólo podemos conocer y describir subjetivamente.

Cuando en una conversación con otra persona le pedimos que -sobre cierto punto en discusión- sea objetiva, lo que en realidad esperamos —consciente o inconscientemente- es que nuestro interlocutor se manifieste de acuerdo con nuestro propio punto de vista, aun antes de que hagamos explicito dicho punto de vista. Se necesita una ecuanimidad muy poco usual para aceptar una opinión diferente a la que responde a nuestros prejuicios sobre cierto tipo de temas. Resulta que muy pocas veces tenemos y tomamos conciencia de que pensamos y actuamos subjetivamente, y si nos preguntan tenemos tendencia a afirmar que nos comportamos como lo hace todo el mundo, y en esta última afirmación es en donde radicamos nuestra creencia de objetividad. Sin embargo, aun en este último punto, lo que en realidad hacemos es actuar subjetivamente, como creemos que debemos actuar, que es de la manera en que las personas que conocemos lo hacen, en forma general, y creemos —además- que podemos permitirnos desviarnos de ese comportamiento general en muy pocos aspectos, y a esto último lo tildamos de comportamiento o idea "subjetiva" cuando -en realidad- todo nuestro comportamiento e ideas son —siempre- subjetivas. Aun cuando pensemos en algo que nos dijo o enseñó otro, nuestro propio pensamiento no puede jamás dejar de ser subjetivo, de momento que no nos resulta posible pensar por otros, o, mejor dicho, en lugar de esos otros.

Cuando exponemos sobre un tema y decimos que somos "objetivos" consciente o inconscientemente nos engañamos. Quizás -conscientemente- al utilizar el término "objetivo" estemos tratando de engañar a alguien más (un lector, interlocutor o un auditorio completo). Es que —realmente- creo que para ser auténticamente objetivos deberíamos conocer **con precisión y exactitud matemática** la totalidad de las cosas del mundo, facultad que me parece ajena a los seres humanos (al menos a los seres que conozco) y -por lo pronto y puestas las cosas desde este punto de vista- sólo puedo reconocerle objetividad a Dios y no a persona alguna por debajo de Él.

Lo que llamamos "mundo objetivo" es una percepción, pero esto no implica que tal percepción sea irreal, se trata de una percepción de algo real, algo que existe fuera de nosotros. Podemos resumir diciendo que el mundo objetivo o "lo objetivo" es una percepción de la realidad cual realidad. Esto significa que si alguien quiere -por caso- poner el término real como antónimo de ilusión, lo que yo sostengo aquí es que el mundo en el que vivimos es real y no ilusorio; en todo caso, lo ilusorio también será una percepción de nuestra mente y -como tal- formará parte de nuestra realidad, de allí que para mí, lo ilusorio no escapa a lo real, sino que está dentro de él, y -así- afirmo que la ilusión también forma parte de la realidad, toda ilusión es real.

Si analizamos retrospectivamente como hemos sido educados y de qué manera hemos adquirido en el curso de nuestra existencia información sobre el mundo en el que vivimos, veremos que toda nuestra información ha venido del exterior. Primero nuestros padres, luego los demás familiares; luego la escuela, los maestros, más tarde la universidad con sus libros y sus profesores, luego los otros, los demás, es decir, en suma, otros seres humanos, iguales (en términos muy, pero muy generales) morfológica y psicológicamente, a nosotros mismos. Aprendimos lo que ellos nos enseñaron y dimos "por bueno" lo que nos dijeron unos, desechando lo que nos dijeron otros, pero, en definitiva, la información del mundo, de la vida, y de las cosas que manejamos ha sido provista por otros. O, en otras palabras, por subjetividades externas a la nuestra. Y no existe ningún problema —desde mi punto de vista- que a todo ello le llamemos en forma global "objetividad" o mundo objetivo.

No sólo el mundo externo nos ha provisto de datos, sino también de teorías, ideologías, ideas, etc. Por ello podemos decir que somos —en gran parte- el producto de nuestra cultura y tradición.

Cuando un conjunto suficientemente grande de subjetividades coincide en un punto, a este punto de coincidencia se le llama "conocimiento objetivo". En otras palabras, no se trata de otra cosa más que del dictamen de la mayoría sobre cierta o ciertas cuestiones filosóficas, económicas, políticas, jurídicas, sociales, religiosas, científicas, etc. En rigor, suele irse más allá, y considerar como "verdad" ese "conocimiento objetivo".

El cúmulo de conocimientos que existe en el mundo está dado por individuos (pasados o presentes) Incluso cuando se nos habla de fuentes "reveladas" por una "divinidad", tales como ciertos libros sagrados (por ejemplo la Biblia) de momento que dicha revelación no nos fue dada personalmente, sino que se dice les fue dada a personas que nosotros jamás hemos conocido (apóstoles, profetas, etc.) son estos individuos iluminados los que nos proporcionan la "receta" de la salvación infalible, en la cual sin más análisis, y nuevamente, debemos **creer** como verdad "objetiva".[24]

Lo "objetivo" se presenta, así como algo no solamente **no** verificable empíricamente, sino como un magnífico instrumento de dominación y de manipulación por parte de "otros" que se otorgan a sí mismos el título de Duce, pastor, sacerdote, Papa, jefe, Führer, Líder, Doctor, presidente, etc. o de alguien quien sin ser ninguna de estas cosas, invoca como dogma de fe la autoridad de algunos de estos dignatarios.

Al existir un consenso implícito en cuanto a que lo "objetivo" no sólo es real sino (y por, sobre todo) "verdadero", en virtud de la concordancia de una suma de sujetos en algún punto específico, basta que alguien con suficiente carisma y popularidad, asuma representar posiciones "objetivas" (políticamente) para que le quede expedito el camino a convertirse en un líder, un jefe o un déspota.

Esto que decimos no tiene nada que ver con el nihilismo ni con el relativismo ni con el escepticismo, como ya hemos señalado. No negamos la existencia de "verdades absolutas, universales y necesarias". Sólo decimos que nadie humano está en posesión absoluta de ellas, y quien afirme estarlo, debe ser objeto de sospecha. También decimos que la verdad puede ser descubierta,

---

[24] No negamos la inspiración divina de partes de la Biblia.

pero jamás por una sola y única persona, ni como totalidad, como sí afirman todos aquellos que aspiran a una posición de poder. Por lo pronto, si no podemos tener certeza absoluta de estar en lo cierto en el 100 % de nuestras creencias y actos dirigidos por esas creencias, menos aún —estimo- podemos llegar a creer que alguien más allá de nosotros pueda si, estarlo. No hay ningún motivo racional -a mi modo de ver- para creer que los demás, -por el sólo hecho de ser personas diferentes a nosotros- siempre nos van a superar en absolutamente todo lo que pueda superar una persona a otra. Sostengo que las personas son diferentes entre sí en la mayoría de los aspectos, pero estas disimilitudes, no implican por sí mismas, un criterio de superioridad de unas personas sobre las restantes.

De allí, que tampoco veamos en nuestro subjetivismo el conflicto con un cierto realismo que sí ve Ayllón en su diccionario, ya que Ayllón define el realismo como: *"Realismo. En Filosofía, postura que afirma una realidad exterior al sujeto humano, fuente de conocimiento y de verdad. Se opone a idealismo y a subjetivismo. Hay un realismo ingenuo que cree de forma acrítica lo que dicen los sentidos, y un realismo crítico que es el fundamento de la ciencia. El realismo define la verdad como adecuación entre el entendimiento y la realidad; en cambio, para el racionalismo y el idealismo, la verdad es la coherencia interna del pensamiento consigo mismo."*

Yo me opongo a esta definición en varios puntos. La realidad, como ya he explicado, está tanto fuera como dentro del sujeto humano. Me parece absurdo excluir al sujeto humano de la realidad. Según la definición de Ayllón, llevada a sentido estricto, toda realidad excluiría al sujeto humano. Sólo "es real" lo que no es humano, es decir las piedras, la geografía, la flora y la fauna, el sol y los astros. Esto sería lo único "real", en tanto que el ser humano sería irreal. La definición transcripta es absurda desde su propio punto de vista. Si el realismo postula que sólo es real lo que excede al ser humano, el realismo es absurdo por sí mismo al negar la realidad del ser humano en sí.

Por otra parte, la teoría o postura realista es una creación humana (mal que les pese a los "realistas" que entrarían dentro de la definición de Ayllón) y al ser producto del entendimiento, estaría fuera de la realidad (de conformidad con la definición dada) En otras palabras, se estaría negando a sí misma.

Mi posición es otra. El mundo externo es tan real como el mundo interno. Pero el mundo externo siempre se analiza desde un inevitable subjetivismo, ineludible porque desde el momento que no podemos ser más que la individualidad que somos no podemos analizar ni ver el mundo de ninguna otra manera que no sea con nuestros propios ojos y nuestra propia mente. Negar esto último me resulta absurdo. Así digo que es realista reconocer el subjetivismo, por mucho que esto escandalice a los filósofos ortodoxos, o bien a aquellos que ven conflictos irreconciliables entre las palabras.

Nos resulta -al menos- apresurada la tendencia de confundir todo subjetivismo con un relativismo, sin negar que algunas especies de subjetivismo pueden serlo, pero no nuestra idea de subjetivismo como hemos explicado. Ahora analicemos la definición que dimos arriba de objetividad.

Habíamos dicho que se define la OBJETIVIDAD como: "Condición de lo que es objeto, como opuesto a lo subjetivo (vid. SUBJETIVIDAD). Se dice también de la intención de ver o expresar la realidad tal como es".

Me detengo en la frase final "expresar la realidad tal como es". Volvemos a la cuestión ¿cómo sabemos "cómo es" la realidad? O ¿cómo sabemos que la realidad "es tal?". Repasando lo dicho, nuestra propia experiencia y la de otros, lo sabemos porque otros nos han dicho "la realidad es así, de tal modo". Y esto que nos han dicho es, indudablemente, un juicio subjetivo. De donde tornamos, una y otra vez, a caer en el subjetivismo, aun cuando intentamos explicar el objetivismo o la objetividad.

Yo redefiniría el concepto de objetividad reemplazando el dado por este otro: "Condición de lo que es objeto, como opuesto a lo subjetivo (vid. SUBJETIVIDAD). Se dice también de la intención de ver o expresar la realidad *tal como una mayoría dice que es o bien una autoridad dice que es*." Esta definición me parece más realista y además enteramente subjetiva. La anterior también era subjetiva, sin embargo, trata de ocultar su subjetividad, lo que no nos parece lícito.

Resumiendo: todo enunciado es subjetivo, por lo que la realidad se define subjetivamente, sea adoptando el criterio de realidad de otro u otros, o tomando posiciones propias para ello.

Desde un punto de vista subjetivo las cosas siempre son para nosotros como creemos que son, y esto se prolonga en el tiempo hasta que percibimos que son de una manera diferente a como hasta ese momento creímos que eran. Desde este punto de vista, siempre seriamos objetivos, porque pocos de nosotros (si es que hay alguno) creemos que las cosas que vemos o en las que piensa como verdaderas y existentes podrían no serlo. Dicho, en otros términos, no vamos por el mundo pensando y actuando como si viéramos permanentemente alucinaciones o como si todo lo que nos rodea o interactúa con nosotros fuera producto de nuestra imaginación. Actuamos en el mundo como lo hacemos, porque estamos convencidos de que el mundo en el que estamos ínsitos es real, es decir, existe de manera concreta u objetiva.

Esto nos vuelve a mostrar lo resbaladizo de las palabras y lo relativo de los conceptos que se quieren encerrar con ellas. Actuamos subjetivamente en un mundo que creemos objetivo, al mismo tiempo que estamos convencidos de que actuamos objetivamente. En las páginas venideras examinaremos algunas implicaciones de este enunciado general.

Sin embargo, es verdad que creemos -a la vez- en muchas cosas cuya existencia no nos consta, por lo cual, carece de todo sentido aludir a tales cosas, palabras o conceptos como "objetivos", excepto que con este término estemos aludiendo a la definición que sostengo, por la cual, lo objetivo se define como todo aquello que esta fuera de mí.

Dentro del significado de *mito* que manejamos en este libro, incluimos —precisamente- a la creencia en cosas cuya existencia no nos consta.

Totalitarismo

El problema surge cuando creemos "de verdad" ser objetivos. Es allí cuando tratamos de imponer nuestra visión y nuestras opiniones del mundo y de la vida a otros. He aquí —pues- el germen del totalitarismo. El totalitarismo puede ejercerse en cualquier orden social y en cualquier grado. Podemos ser totalitarios con nuestra familia, con nuestros amigos, en nuestro empleo o en cualquier relación social, educativa, económica, política, etc.

De momento que lo "objetivo" o la "objetividad" se insiste en confundir con lo "verdadero" o la "verdad", el peligro se hace evidente, si persistimos en la idea de que somos "objetivos" por cuanto ello implicará -en forma automática- que "tenemos la verdad" o que estamos en "lo cierto", lo que -a su turno- nos hará pensar que los demás están "equivocados", y seguidamente, en que "corresponde" que los adoctrinemos en la correcta "verdad" que estaría en nuestra posesión o dominio.

Perdemos flexibilidad, adoptamos la rigidez propia de aquel que se cierra a toda posibilidad nueva, cambiante o diferente, porque razonamos así: "si estamos en lo cierto, si somos objetivos, y por lo tanto poseemos la verdad ¿qué tendríamos que cambiar y por qué? Nada. Porque si se nos dice que debemos cambiar importaría que deberíamos abandonar la verdad (que está en nuestro poder) y sumirnos en el error y ello es absurdo".

En este estado, la única visión del mundo que aceptaríamos sería la propia o la de algún otro que creemos correcta y que tratamos de imponer al resto de nuestros congéneres. La clave de una actitud totalitaria es la imposición y no la convicción. La continua confusión, asimilación y hasta atribuida sinonimia que se les da a las palabras "objetividad" y "verdad", conlleva un ingrediente de sumo riesgo, porque hay una suerte de consenso generalizado en cuanto a que debe prevalecer "la verdad de todas las cosas" por sobre cualquier otra cosa, y si se insiste en asimilar la "verdad" a la "objetividad", todos aquellos que se sientan en posesión de una, estarán convencidos de que también poseen a la otra, es decir, que al ser "objetivos" defienden la "verdad", de allí a la postulación de una "verdad única", es lo que ha sembrado el mundo de tantas tiranías.

De alguna manera, renegar del subjetivismo sería algo así como renegar de la propia creatividad, o sea, negar nuestra creatividad, porque al desconfiar del subjetivismo propio, necesariamente estamos aceptando el subjetivismo ajeno, que se llama a sí mismo y logra que lo llamemos "realidad objetiva". Paraliza nuestro propio potencial creativo subordinándose al potencial creativo externo.

Pero va mucho más allá de la pérdida de la creatividad, en realidad, lo que estamos perdiendo con esa actitud es algo muchísimo más valioso y que es la fuente de toda creatividad, nos referimos a la libertad.

Esta actitud fomenta y alienta el totalitarismo de aquellos que se consideran en posesión de una "verdad" objetiva. En consecuencia, se hace imperioso ubicar al objetivismo y a lo objetivo en su adecuada dimensión, que es lo que intentaremos hacer en el título siguiente.

Todo lo dicho no implica afirmar que fuera de nosotros no exista ninguna verdad ni ninguna realidad; por el contrario, hemos afirmado la existencia de un mundo objetivo que -en sí mismo- puede ser verdadero o falso, tanto como verdadero o falso puede ser el contenido de nuestras subjetividades. El totalitarismo llega cuando no se admiten realidades externas disidentes a la nuestra. Y esta última posición está mucho más extendida en nuestro mundo de hoy en día -al que se le reprocha un "exceso" de libertad-, más de lo que cada uno de nosotros en forma individual podemos llegar a suponer.

Capítulo 3 Sobre la verdad

Definiciones corrientes del término "verdad".

Pocas son las definiciones que en el terreno de la filosofía contribuyen a echar luz sobre los conceptos implicados en la disciplina. Hasta parece dudoso, por un lado, que una materia como la filosofía pueda ser pasible de tener un glosario que defina en forma acabada cada una de las palabras que los filósofos manejan. Toda definición no implica más que una burda aproximación a un concepto, que admite una multiplicidad de significados. Con todo, es de interés analizar, para —luego- fijar posiciones propias, los sentidos en los que los glosarios filosóficos orientan los términos implicados en la materia. Comenzaremos pues este examen con la definición de "verdad".

Veamos la siguiente:

"VERDAD (lat. veritas): En su sentido primario, condición del juicio (o de la proposición) por la cual expresa lo que realmente es (adecuación del pensamiento con la cosa). En sentido ontológico, se dice que la verdad es un TRASCENDENTAL (vid.) puesto que cuanto tiene ser es verdadero al ser manifestable a un entendimiento que rectamente lo conozca (eminentemente al de Dios). Es, en definitiva, la cognoscibilidad de todo cuanto es. A la verdad en el primer sentido se opone el error; a la ontológica, la nada."[25]

Filosóficamente habría, entonces, de acuerdo a esta definición —al menos- dos sentidos del término verdad, a saber: uno primario y otro ontológico, lo que nos permitiría -de este modo- hablar *prima facie* de una verdad primaria y otra ontológica. Veamos más de cerca el primer sentido.

En la definición transcripta, el término "cosa" parece aludir al mundo material. Es decir, a los objetos sensibles. Todo lo que no es "cosa" en el sentido de no tener apariencia sensible

---

[25] Fuente: http://filosofia.net/materiales/rec/glosari2.htm

sería —en el marco de la definición trascripta- "mentira" o "error". Siguiendo esta definición, una idea, por ejemplo, al no ser "cosa" sería un error, o bien una falsedad o una mentira. Lo dicho se desprende de la diferencia que se hace entre "pensamiento" y "cosa" en la delimitación en examen. Para esta definición, el pensamiento no sería "cosa". Ergo, el pensamiento no sería "verdad" en tanto no reconozca a la cosa como tal. Pero la definición presenta problemas adicionales, porque bien vista, tampoco la "cosa" podría ser verdadera, sino la adecuación de uno a la otra transforma el error en verdad, lo falso en verdadero. Creo que todo esto es absurdo por donde se lo analice, porque, entre otras cosas, esa "adecuación" sólo puede darse a través de un proceso de entendimiento, que, por definición, es una operación mental, típica del pensamiento, lo que a mi juicio está invalidando la definición.

Pero lo expuesto es sólo una interpretación de todas las posibles, y en dicha interpretación hemos entendido que la palabra "cosa" se utiliza como sinónimo de materia. Pero ¿es esto así? No, no lo es. Y no lo es porque el mismo glosario cuando define el término "cosa" nos dice de "COSA (lat. res): Una de las nociones TRASCENDENTALES (vid.) del ser. Se dice del ser considerado en sí mismo, positivamente."[26]. No se alude -pues- a la cosa material, sino a algo muchísimo más amplio que incluye y excede (y en mucho) a la mera materia; se alude a un trascendental, al ser considerado en sí mismo y positivamente. De este modo y con esta glosa, la crítica anterior deja de tener sentido y la primera definición (o la primera acepción de la palabra *verdad*) deja de ser contradictoria.

Y esto debe ser así, porque de seguir la primer interpretación a la primera acepción, la exigencia de la adecuación del pensamiento con la cosa -como criterio de verdad o para "reconocer" una verdad-, implicaría -en otros términos- una suerte de subordinación del pensamiento a la cosa, ya que si aquel no se adecua a esta, es decir, no se le subordina, equivaldría a decir que el pensamiento se estaría negando a reconocer la cosa, y —en el sentido de la definición que estudiamos- involucraría, a su turno, "negar" la "verdad", de donde se debería concluir que la "verdad" reside -en última instancia- en la cosa, a la que se le "debería" subordinar

---

[26] http://www.filosofia.net/materiales/rec/glosario.htm#a

el pensamiento. Desde un punto de vista estrictamente materialista, fisicalista y positivista, esto -quizás- tendría algún sentido; el asunto en cuestión es que nosotros no nos enrolamos en ninguna de estas últimas tres corrientes, por lo que no podemos aceptar tales conclusiones, que —necesariamente- se derivarían de seguir la interpretación materialista de la definición criticada.

Pero ha de quedar claro que nosotros no admitimos la interpretación materialista que dejamos expuesta; quizás hubiera sido más feliz que el glosario hubiera empleado un término menos equivoco que el de la palabra "cosa", pero aclarado el significado filosófico que en el mismo glosario podremos hallar no creemos que exista contradicción alguna en cuanto a la primera acepción de la palabra *verdad*, y en este sentido, la definición transcripta resulta plausible. Otro problema que tiene relación con la antinomia mito-verdad (que es —en definitiva- el punto al cual deseamos arribar en este análisis y por el cual hacemos este estudio breve, pero preliminar de la verdad) es el de la certeza que examinaremos seguidamente en forma fugaz.

Certeza no debe confundirse con verdad de acuerdo a esta definición:

Certeza: Es el estado del espíritu que no tiene dudas acerca de la verdad de lo que ha conocido; es, por lo tanto, un término que designa una situación subjetiva. Científica y objetivamente está mal dicho de una proposición que es cierta; debe decirse que es verdadera. El estado contrario al de la certeza es el de la duda, no el de la ignorancia, ya que se puede estar cierto de ignorar algo.

Debo adelantar a mis lectores que en modo alguno me satisface esta definición, ya que tengo serios reparos hacia lo que se califica genéricamente como "científico" y "objetivo". Además, la definición parece partir de la base de una verdad absoluta e inmutable, cuando creo que existen verdades relativas, contingentes y variables. Aunque en estos tres últimos casos la palabra "verdad" no sea filosóficamente apropiada, coloquialmente es aceptada en estos y otros sentidos; en efecto, la gente suele referirse a lo que cree, como verdadero o cierto en forma indistinta; en algunos casos alguien dice: "esta es mi verdad" en sentido relativo, es decir admitiendo que podría existir otra verdad diferente a la suya, pero que -a pesar de ello- no invalidaría la suya. Para esta clase de sujetos (que es una mayoría de ellos) la verdad siempre sería algo relativo. Es la clase de persona que afirma -no sin cierto aire de soberbia- que "nadie es dueño/a de la verdad".

Otro grupo de personas también suele afirmar que X es "su verdad", pero -a diferencia del primer grupo- lo dice en un sentido absoluto, excluyendo cualquier otra opinión o divergencia, a veces absolutamente convencidos de que están en posesión de un conocimiento cierto, sin importar si otras personas lo comparten o no, y menos importando aun si hay más personas que no posean ese conocimiento o bien suponiendo que muchas personas lo ignoran. Se trata de un grupo menor al anterior, pero —con todo- igualmente muy numeroso, que incluye a los pedantes, soberbios, arrogantes, defectos proporcionales —generalmente- a la ignorancia que ostentan cuando abren la boca para hablar.

Me aparto de todas las definiciones convencionales sobre el tema. Ya que como se observa, en mi esquema, algo puede ser real y falso a la vez, lo que contradice las definiciones corrientes de "realidad" y "falsedad". Cuando hablo de "definiciones corrientes" aludo siempre a las que maneja la gente común en el léxico coloquial y no me estoy refiriendo a las definiciones académicas o especializadas de glosarios o diccionarios filosóficos, por ejemplo. Me parece importante volver a poner de relieve que este libro no es una obra de critica filosófica; no se propone cuestionar ni censurar escuelas ni autores (de allí que se citan pocos de unas y otros a lo largo del texto) y desde luego si el lector conoce o ha leído antes que aquí que alguna escuela o autor filosófico dijo antes lo mismo que está leyendo aquí, sin duda eso significará que —aun desconociéndolo yo- me encontraré profundamente de acuerdo con dicha escuela o autor.

Considero real a lo existente, que **no** necesariamente es verdadero. Lo existente puede ser falso. En el marco de la teoría de los tres mundos de Popper, los teoremas del Mundo Tres, si bien son existentes (y por ende reales) pueden ser falsos a la vez. Pero hemos de reiterar que este es un concepto estrecho de "verdad" que no tiene mucho que ver con la definición que examinamos más arriba. Según ella (y volviendo a ella) la verdad sería -en la primera acepción- la adecuación del pensamiento con el ser considerado en sí mismo (haciendo la adecuada permutación de los términos definidos y sus enunciaciones); pero esto de entrada nos plantea un dificilísimo problema que surge de la pregunta inmediata que se impone: ¿es posible adecuar el pensamiento con el ser considerado en sí mismo? Porque para responder afirmativamente tendríamos que admitir como previo que a todo el mundo es posible conocer al ser en sí, es decir, en su esencia, lo que parece dudoso (sino imposible) y más imposible se presenta cuando pensamos que para cumplir con la definición deberíamos ser capaces de conocer la esencia de todo lo existente. Personalmente yo ya no abrigo dudas, al menos para mí es absolutamente imposible cosa semejante.

Una mentira es algo real desde el momento que la escucho o la leo. Si digo "ayer almorcé" cuando en realidad no almorcé, lo que digo es una mentira, pero que haya dicho "ayer almorcé" no es inexistente, no es irreal porque lo dije y alguien pudo haberlo escuchado, o si lo escribí alguien pudo haberlo leído. Lo que es mentira es el "hecho en sí" que encierra la frase, ya que verdaderamente ayer no almorcé. La mentira es real pero su contenido es falso. O dicho algo más prolijamente : el juicio que expresa el hecho es real, las palabras empleadas en el juicio son reales, en tanto existe el ayer y existe el almorzar, si lo digo oralmente los sonidos empleados en hacerlo también son reales, y si lo digo por escrito, la escritura (la tinta, el papel o el medio electrónico donde conste) también son reales ; y todo ello es así, aun cuando el contenido formulado en la proposición sea falso, por no ser cierto que ayer hubiera almorzado.

Por eso insisto, que lo real es lo existente y no necesariamente lo verdadero, si por verdadero vamos a limitar el sentido de la expresión a lo meramente material o sensible. Más adelante veremos con algo más de detalle la importancia que esto tiene para nuestra teoría del mito social.

En segundo orden, se ubican —a menudo- los conceptos de "verdad y mentira" en el plano de los juicios de valor. El lector habrá de advertir una fuerte connotación subjetivista en estos aspectos. Para entender esta idea, podría equipararse "verdad" a lo "bueno" y "falsedad" a lo "malo". Lo que no nos dice *a priori* qué debe considerarse bueno y qué debería considerarse malo. Este concepto separa "verdad y mentira" de "realidad y fantasía" estableciendo una clara distinción entre ambos binomios. En tanto -en mi esquema- realidad y fantasía siempre se refieren a lo existente, los conceptos de "verdad y mentira" comprenden y trascienden lo existente. O, dicho de otro modo, califican lo existente y lo inexistente.

Será necesario aclarar una vez más -en este punto- que nos estamos refiriendo al uso general y vulgar que la gente le da al término "existente" como sinónimo de algo material, concreto o captable por los sentidos externos. Y también deberá tener presente el lector que nosotros no reducimos el término "existente" a esas categorías.

Por ejemplo, tenemos un hecho que pretende ser explicado por varias teorías. El "hecho" está en el mundo de lo real, ya sea manifestado o no-manifestado. Las teorías que intentan explicar el "hecho" también están en el mundo de lo real, pero van más allá, ya que no solamente procuran explicar la "realidad" del hecho sino su verosimilitud o su falsedad. Yo afirmo que podemos dar por sentada la realidad del hecho en cuestión, ahorrándonos el trabajo de demostrar su existencia o inexistencia (todo hecho por el mero hecho de ser un hecho -valga la redundancia-, existe).

El punto es que las teorías que intentan explicar un hecho también son existentes, por ende, forman parte de la realidad y no están fuera de ella. Y el hecho que la teoría analiza o pretende explicar, desde que es concebido mentalmente, también existe en el mundo de lo real habida cuenta que la mente que lo piensa es real.

Muy bien, el hecho es real pero no todas las teorías que lo explican son verdaderas o -lo que es lo mismo- no todas son falsas. Tomemos un típico fenómeno natural, por ejemplo, el relámpago. El relámpago es el hecho, un hecho que desde la noche de los tiempos ha tenido diferentes teorías que trataban de explicarlo. Desde las "teorías" del hombre primitivo que asociaban el relámpago a una señal de la divinidad (sea de furia, gozo, etc.) hasta las modernas teorías físicas que explican el fenómeno como un evento electromagnético. El hecho es real, existente, el cúmulo de teorías que lo explican también es real, existentes, pero no todas ellas son verdaderas, ni todas ellas son falsas.

El hecho es falso si digo (v. gr.): "el relámpago es la manifestación de la ira de Dios" o si digo: "el relámpago es mi tío" o dijera: "el relámpago no existe" la afirmación es falsa y —adicionalmente- es un hecho falso que el relámpago sea algunas de estas cosas enumeradas; ergo, tanto la afirmación como el hecho serán falsos.

Entonces hasta desde un punto de vista científico el binomio "verdad-falsedad" no puede asimilarse al binomio "realidad-irrealidad" o lo que es igual: "realidad-fantasía", excepto —repitamos- que se pretenda reducir a lo existente material.

Pasemos a otro caso, esta vez tomado del mundo de la economía, por ejemplo, la inflación monetaria. Todos —alguna que otra vez- hemos escuchado hablar o hemos leído sobre la inflación y hemos presenciado acalorados debates entre sesudos economistas que pujaban por explicar las causas y efectos de la inflación. Existe variedad de teorías acerca del fenómeno que no expondremos ahora aquí (pese a ser, lo confieso, uno de mis temas favoritos); no todas esas teorías son verdaderas, ni todas son falsas; es más, muchas teorías combinan elementos de las otras; pero la verdad no reside en todas; lo que sí, reiteramos, todas son reales, de momento que podemos conocerlas, estudiarlas y criticarlas o defenderlas.

El pensamiento es real en tanto pienso, y deja de ser real en tanto no pienso, pasando a ser real esto último. Lo existente es lo real. Pero no todo lo real es verdadero o falso; puedo decir que estoy pensando cuando no lo estoy o decir que no lo estoy cuando lo estoy; en el primer caso será falso que esté pensando; en el segundo caso será verdad que estoy pensando, aunque manifieste al mundo exterior que no lo hago. Sin embargo, nunca podré decir que todas estas situaciones no son reales.

Desde luego, que hay una gran carga subjetiva en todas estas explicaciones. Me reconozco imbuido de una buena dosis de subjetivismo.

En definitiva, considero que el objetivismo (u objetividad) no es más que, en última instancia, reconocer como verdaderas las subjetividades ajenas.

Verdades absolutas y verdades relativas.

Quisiera ahora hablar un poco más a fondo sobre la verdad, punto que considero muy vinculado a la "teoría del mito" y en particular, a la teoría del mito social.

Como no nos enrolamos en un relativismo absoluto, postulamos que la verdad es cognoscible. Pero esta posibilidad de conocerla, se reduce a un ámbito muy estrecho, lo que hace que hablar de *verdad* en un sentido genérico sea engañoso. En rigor, existen –a nuestro juicio- diferentes niveles de verdad. Distinguimos primero dos grandes niveles, el de las verdades absolutas y el de las verdades relativas.

Para no entrar en cuestiones terminológicas –como aconsejaba K. R. Popper- concederemos que lo que vamos a llamar -a veces- "verdades relativas" son aquellas que Platón denomina la *doxa* o mera opinión, y que K. R. Popper llama *conjeturas*[27].

Un lector bienintencionado pero desprevenido podría –con gran seguridad- verse tentado, en primera instancia, a identificar las verdades absolutas con la ciencia y las relativas con las metafísicas, filosóficas y religiosas. Y se sorprenderá cuando en este acto le digamos que se equivoca, y que debe entendernos exactamente a la inversa; o sea, en este libro llamaremos verdades absolutas a las metafísicas, religiosas y filosóficas, en tanto que las verdades relativas estarán explícitamente referidas a las llamadas científicas. Con esto nos apartamos –indudablemente- del sentido común y corriente en el que la gente entiende los dos diferentes tipos de "verdades".

En lo personal creo que la verdad absoluta no se encuentra en este plano humano y se eleva hacia el plano supra humano o divino; se refiere concretamente al significado trascendental de la definición del glosario filosófico que había transcripto más arriba. En los dos sentidos de la primera acepción (véase arriba nuestro título Definiciones corrientes del término "verdad". Y la definición de verdad que allí transcribimos) la verdad es ajena a una mente humana como la mía y sólo podemos acercarnos –tímidamente- a fragmentos de esa verdad merced a la Gracia Divina, quien es -por así decirlo- quien arroja al mundo dichos fragmentos de verdad por distintos medios, de los cuales sobresalen dos :

1. La investigación
2. La revelación.

Por la vía de la investigación Dios nos da acceso a lo que llamamos ciencia, en tanto que, por medio de la revelación, algunas personas pueden tener acercamiento a verdades que trascien-

---

[27] Véase de K. R. Popper, *Conjeturas y refutaciones*, Ediciones Paidos.

den el campo de la ciencia o que pueden llegar a integrarlo en determinados casos. En cualquiera de ambos supuestos, siempre estaremos en el ámbito de las verdades relativas, únicas que el ser humano puede conocer de manera fragmentaria e incompleta. La verdad a secas, o que para mayor claridad en este libro llamaremos la verdad absoluta, sólo puede estar y está en posesión de Dios, o bien de quien Dios decida que lo esté.

Naturalmente, lo hasta aquí dicho es bastante metafísico y discutible (precisamente por su condición de postulado metafísico) pero no es la idea de entrar ahora en el terreno de esa discusión, cuestión que dejaremos para otro momento. Por lo pronto - y en mi experiencia personal- no he hallado aun a persona alguna que estuviera en posesión de ninguna otra verdad que no sea una verdad de rango relativo. Y si bien sería posible decir que la suma de todas las verdades relativas daría como resultado la verdad absoluta, tal operación -por lo pronto- me parece imposible, por razones más que obvias. Dado pues, que de la verdad absoluta no puede decirse mucho, en rigor, nada puede decirse porque no está en nuestras manos conocerla (sólo Dios la conoce) dedicaremos nuestro tiempo a hacer algunas consideraciones en torno a las verdades inferiores, que en este trabajo recibirán el nombre de *relativas*.

El campo de las verdades relativas es muy amplio; dentro de él caben la ciencia y las teorías científicas que se consideran verificadas o comprobadas, las opiniones, los pareceres, las creencias, las convicciones, los dogmas y los mitos, por nombrar los más generales. El caso más interesante para echarle un vistazo dentro del ámbito de las verdades relativas nos parece el de la ciencia, porque es útil para visualizar la problemática en torno al mito-ciencia (o ciencia-mito) conforme se lo quiera ver.

Consideremos —entonces- el caso de la ciencia como verdad relativa. Del grupo de las verdades inferiores, ergo, la llamada "verdad" científica es una verdad **relativa**. A continuación, quiero transcribir un párrafo del muy interesante artículo titulado "El poder creativo de los pensamientos" escrito por Leonard Or y Sondra Ray, que explica y ejemplifica -de algún modo- nuestra idea en el tema, si bien haremos algunas salvedades frente a un texto en parte confuso[28]. Iremos reproduciendo en letra cursiva las partes del artículo que queremos comentar, e iremos intercalando nuestras observaciones a continuación de cada transcripción. Dice así:

LA VERDAD CIENTÍFICA

El método científico para encontrar la verdad consta de cuatro pasos:

> *1. Proponer una teoría.*
> *2. Realizar un experimento, para probar esa teoría.*
> *3. Comprobar esa teoría (esto se llama verificación)*

Este método se conoce -en la filosofía de la ciencia- con el nombre de método hipotético deductivo, donde la hipótesis ocupa el primer paso, en el caso de este artículo, lo que L. Or y S. Ray colocan en el punto 1 con la frase "Proponer una teoría". K. R. Popper objetaría (con relación al paso N° 3) el empleo de la palabra "verificación" y la sustituiría por la de "corroboración". Las razones de ello no podemos explicarlas aquí, por lo que deberemos remitir en este punto al lector curioso de ellas a cualquiera de las obras del filósofo austriaco que citamos en este tomo. Y continúan los articulistas:

> *Se comprueba las veces necesarias para verificar que siempre se obtenga el mismo resultado: y se constituye en LEY. No obstante ¿quién determina cuántas veces es suficiente probar la teoría? Ningún científico ha probado la mayoría de las leyes pensadas sobre el universo. Pero creen en ellas, por lo tanto son como una superstición. Un ejemplo perfecto es el de agua pura H2O.*
>
> *La mayor parte de la gente piensa que H2O es la fórmula química de agua pura. Leonard Or hizo un experimento, en el colegio secundario, con agua pura y no salió bien. Su maestro le dijo: "bien, el agua no debe haber estado pura para empezar, e incluso si estaba pura, tus instrumentos pueden haber contenido restos de otros productos químicos, pero, si los instrumentos no estaban contaminados y el agua estaba pura, entonces los aparatos de medición de la clase no son lo suficientemente precisos para determinar la pureza del agua. Si quieres asegurarte que realmente tie-*

---

[28] Lamento no tener a mano los datos de su publicación. Lo encontré accidentalmente explorando la web.

nes agua pura, tienes que hacer el experimento en un gran laboratorio".

Leonard, entonces se preguntó "Si la única manera de obtener agua pura es el laboratorio, ¿cómo puede ser una LEY NATURAL? Si el agua pura no existe en la naturaleza, ¿cómo puede ser entonces una ley natural?

El hizo el mismo experimento en la Universidad. El profesor le dijo: "Si no salió bien es porque hay otros elementos presentes, hay H3O (agua pesada), presente en todos lados, no puedes tener certeza nunca de que tienes un compuesto puro de H2O en el mundo real". Si los experimentos no salen bien, invalidan la teoría. Si el pensamiento es creativo, entonces el científico está creando leyes, y los experimentos funcionarán, mientras que el científico tenga la certeza de lo que va a producir, lo produce.

Para entender este párrafo se hace necesario aclarar cuál es la postura de los autores y lo que estos quieren demostrar con su artículo. Básicamente, ellos sostienen el poder creativo del pensamiento y pretenden extender esta tesis a las teorías científicas llamadas por ellos leyes científicas; lo que intentan decirnos es que los experimentos tendentes a verificar esas leyes van a funcionar de conformidad a la ley creada por el científico en la medida que el científico tenga la certeza de que va a ser así. Del contexto del artículo deducimos que podemos reemplazar perfectamente las palabras "el científico" por la de "comunidad científica" y está por la de "ciencia". Del relato que precede a esta conclusión parecería derivarse que lo que nos tratan de demostrar es que ningún científico obtuvo jamás H2O, o -al menos- que podemos tranquilamente sospechar que ninguno lo intentó siquiera. Y más que "podemos" sospechar parecen querernos decir que debemos sospechar que ninguno demostró (si realmente alguno se lo propuso alguna vez) haber obtenido H2O.

La conclusión de L. Or y S. Ray es coherente con el sentido común (entendido no como el general, sino el común pero referido al sentido individual de una persona común, que no es igual al sentido general, aunque se emplee la expresión "sentido común" en esta última significación). Yo no conozco -en lo personal- ningún científico que hubiera demostrado que existe el H2O en el mundo real; por lo demás, tampoco jamás llevé a cabo ningún experimento para demostrármelo a mí mismo; ergo, resulta del todo coherente sospechar que el H2O podría no existir en el mundo real, e igual de coherente -en esta misma línea- resultaría concluir que lo mismo podría decirse respecto al resto de las teorías científicas que se tienen por "absolutamente ciertas y comprobadas". Este último punto concuerda —creo- ampliamente con las tesis de K. R. Popper en cuanto que la ciencia es ciencia si —y sólo si- sus teorías pueden ser refutadas. Es importante aclarar aquí que cuando digo "X podría no existir", no estoy excluyendo el "podría SI existir". En el mundo real ambas posibilidades co-existen, sepámoslo o no; razón por la cual no debe confundirse mi postura con ninguna clase de escepticismo ni de relativismo absoluto.

> *El punto es que toda ciencia es creada por científicos, porque son pensadores y, ya que tú también eres un pensador, eso te hace un científico. Tus leyes científicas específicas son tan válidas como las de cualquier otro científico. No hay ninguna ley sobre la que no puedas tener autoridad, y ello no está sujeto a la elección personal.*

Hagamos ahora un comentario más a lo que hemos copiado arriba.

En realidad, lo sustancial de estas ideas (con la importante excepción de este último párrafo transcripto) ya había sido expresado -como dijimos- por K. R. Popper en *La lógica de la investigación científica, La sociedad abierta y sus enemigos, Conjeturas y refutaciones* y otras obras por él publicadas, trabajos aparecidos entre las décadas de 1930 y 1990 aproximadamente, si bien no llegaba a las conclusiones esbozadas por L. Or y S. Ray en el último párrafo trascripto. Pero creo que vale la pena hacer una importante salvedad a favor de esos dos últimos autores, aunque expresamente no lo dicen, es razonable inferir que las "leyes científicas específicas" a las que aluden, son leyes aplicables entera y exclusivamente a la persona que las elabora, y no se tratarían de "leyes" que esa persona pudiera **imponer** a otros fuera de sí mismo, ya que lo mismo es aplicable al resto de sus congéneres. Así parece indicarlo el resto del artículo, donde continúan de este modo:

> *Tu elección presente tiene que confirmar o cambiar las elecciones pasadas. Tu mente consciente debe estar de acuerdo con el subconsciente, para producir buenos resul-*

tados. Si el subconsciente tiene una ley diferente a la de tu consciente, entonces el subconsciente te hará sentir mal, hasta que la cambies. Todas las leyes subconscientes pueden ser cambiadas con el uso paciente de la auto-reprogramación de tus pensamientos negativos en positivos.

Evidentemente, el curso de la exposición siempre gira en torno a la relación del individuo consigo mismo, en rigor, con su mente, y no a la de ese individuo con los demás individuos. Quizás con alguna impropiedad, los articulistas están rotulando las "leyes del subconsciente"[29] como "leyes científicas", pero, aun así, es posible entender -sin mayor dificultad- a qué concretamente, se están refiriendo. A pesar de que no lo aclaran, nos parece obvio que ni L. Or ni S. Ray estén hablando de la ley de la gravedad o de las leyes físicas o químicas, o en términos más amplios, del contexto creo que se deduce con claridad, que -como mucho- están extendiendo sus tesis al campo de las ciencias sociales y no a las que tradicionalmente se conocen como ciencias naturales. La circunstancia adicional de que S. Ray sea psicóloga de profesión refuerza esta nuestra opinión.

No podemos menos que adherir a esta sencilla explicación de los autores L Or y S. Ray con los comentarios y aclaraciones que le hemos intercalado en los párrafos precedentes. Sin embargo, consideramos que el argumento es válido en el plano de las verdades relativas, y las llamadas verdades científicas son -por cierto- verdades relativas. La historia de la ciencia se encarga de demostrarlo. Nuevas teorías científicas reemplazan a las obsoletas y esto ha venido sucediendo en el transcurso de las centurias, tal como K R. Popper —entre tantos otros- se ha encargado de puntualizar.

Concordamos también con el profesor K. R. Popper en cuanto al origen de la ciencia como mito[30], sin embargo, la tesis de mi trabajo es sostener que la ciencia nació como un mito —como dice correctamente K. R. Popper- y que en su desarrollo (y esto es de mi cosecha) se detiene con suma frecuencia, tendiendo

---

[29] No se refieren a las leyes que *gobiernan* al subconsciente en un sentido estrictamente psicológico, sino –entendemos- a leyes *creadas* por el subconsciente.

[30] Vid. K. R. Popper, *Conjeturas...*óp. cit.

volver a él, a sus orígenes mitológicos, convirtiéndose en un dogma de fe, en una suerte de rivalidad competitiva con la metafísica religiosa.

En este trayecto oscilante (por llamarlo de alguna manera) de la ciencia, o -dicho en otras palabras- la tendencia a estratificarse tiene como responsables a dos sujetos, uno que podemos llamar activo y otro al que denominaremos pasivo; el sujeto activo está representado por los científicos ("hacedores" de la ciencia según la óptica de L. Or y S. Ray) en tanto que el sujeto pasivo viene a estar representado por la gente común.

Quizás después de esta lectura se pueda comprender mejor porque afirmamos que la ciencia es un mito de la modernidad. Sin embargo, la ciencia renuncia a llamarse a sí misma "mito" o "mítica". Muy por el contrario, rechaza la ciencia indignada semejante imputación. Pero el párrafo trascripto no deja de ser cierto, por mucha exasperación que cause en la comunidad científica. Este rechazo está justificado hasta cierto punto; el que la ciencia tenga el rango de un mito o que la gran mayoría de las teorías científicas populares sean aceptadas de ese modo, no es en gran parte, responsabilidad exclusiva de los científicos ni de la comunidad científica, sino que reside en la masa, y este prestigio no es –por cierto- tan antiguo como a primera vista podría suponerse. Puede decirse que a partir del siglo XVIII recién la gente comienza a sentir una admiración y respeto casi reverencial por la ciencia, actitudes populares que no se daban antes de esa fecha por múltiples razones, demasiado extensas como para analizarlas aquí.

Con todo, para ser justos, no podemos incluir en lo anterior a todos los científicos ni filósofos de la ciencia; K. R. Popper es un gran ejemplo de la actitud contraria a la dogmática científica, precisamente, su trabajo –mayormente- se ha dedicado a combatir la estratificación de la ciencia, y considero que le asiste buena parte de razón a sus tesis, si bien algunas me merecen ciertas dudas, pero puede decirse que -en lo sustancial- las teorías popperianas son acertadas. En lo que sigue, no nos ocuparemos de las excepciones sino de las generalidades.

La intolerancia de la comunidad científica está muy bien descripta por John David García[31] en su libro *Transformación*

---

[31] http://www.see.org/s-ct-1.htm

creativa, quien relata cómo dicha comunidad desplaza de su seno a los miembros rebeldes que osan apartarse del conocimiento mayoritario, condenándolos al ostracismo científico.

Pero lo cierto es, que la ciencia como verdad relativa es cambiante, jamás fue ni es absoluta, por mucho que sus pretensiones mayoritarias sean estas últimas. Sin embargo, es importante aclarar en este punto, que no son mayoritariamente los científicos quienes tratan de convertir la ciencia en un mito, muchos de ellos así lo intentan, pero, con todo, son una minoría. En rigor, es el respeto que la ciencia ha adquirido entre la gente simple, sencilla e inculta, la que -de alguna manera-, puja por convertir a las teorías científicas en dogmas de fe, y a su conjunto, en auténticas estructuras míticas. Esto puede verse claramente -incluso- dentro del radio de los conocimientos vulgares.

Con esto no pretendemos decir que esa gente simple, sencilla e inculta haya leído sesudos tratados científicos, o ni siquiera alguna obra que trate sobre tales temas, aunque sea en forma tangencial. Pero el punto es que -como agudamente ha señalado L. V. Mises- en materia de ciencias sociales, las masas ignaras siguen los dictados de sus directores intelectuales, quienes estos últimos, si se han nutrido en las obras científicas. La gente cree en ellos por razones que hemos analizado en otra parte y que tienen estrecha relación con motivaciones de orden psicológico y emocional, y muy pocas veces —estrictamente- racional. La racionalidad es un rasgo que, si bien se halla en potencia en todo ser humano, solamente se desarrolla en acto mediante un cierto número de mecanismos que van desde el estudio sistemático hasta la observación crítica, tareas estas de naturaleza netamente intelectual que representan un esfuerzo que muy pocas personas se encuentran en condiciones de realizar, no por ninguna imposibilidad de rango físico o psíquico, sino por razones de inercia y comodidad tendenciales.

Sin llegar al extremo de la ciencia, detengámonos un momento a pensar en la cantidad de cosas en las que creemos sin haber tenido jamás una evidencia empírica personal de ella[32].

---

[32] En un sentido similar al de este libro desarrollé este mismo tópico, pero referido a la política, en mí libro *La Credulidad.*

Por ejemplo, la mayoría de las personas creen ciegamente en la redondez de la tierra y en la medida exacta de su circunferencia, que ha sido ampliamente publicitada y enseñada en los libros escolares primero, secundarios y universitarios luego, y las enciclopedias del mundo más tarde, sin embargo, creo que muy pocos de nosotros —si es que hay alguno- puede afirmar haber medido la circunferencia terrestre en forma personal. Simplemente creemos que la longitud y latitud de la tierra son las conocidas y que se consignan en los libros de texto, sencillamente porque los científicos así lo han dicho. No obstante, ninguno de esos científicos salió a medir personalmente la circunferencia de la tierra, ni mucho menos nosotros. Llanamente creemos -en última instancia- algo que nos han dicho, y reforzamos nuestra creencia tan sólo por la autoridad con la que viene revestida la persona que afirma poseer una "verdad científica". Creer en una teoría científica que el sujeto que la cree no la ha descubierto por sí mismo, sino que se la han enseñado otros (padres, maestros, profesores, libros, amigos e incluso, quizás, científicos auténticos que haya conocido personalmente) no es ninguna otra cosa que un auténtico acto de fe, en este caso, fe en la "verdad" de una teoría científica.

Pocas personas, si es que existen, pueden decir que lo mucho o poco que saben acerca de la ciencia lo conocen porque un científico se los dijo. Naturalmente pudimos haber tenido en nuestras aulas la enorme fortuna de contar como profesor con un científico brillante, como por ejemplo pudieron haber sido los alumnos de Einstein. Pero esta no es la situación general, y nunca fue mi caso personal. Generalmente, sabemos lo que sabemos porque nos fue enseñado, ya sea en nuestros hogares o en nuestras escuelas, donde -normalmente- contamos con maestros que, por muy brillantes que nos parezcan en aquel entonces, no han dejado de ser personas comunes y corrientes que -meramente- se han dedicado a divulgar el conocimiento existente al momento.

A su vez, nuestros maestros nos han enseñado lo que les fue enseñado por sus maestros y mayores, y si seguimos remontándonos hacia atrás, encontraremos que el proceso se repite hasta hallar a quien fue alumno de un científico brillante, como pudo haber sido Einstein, Darwin o Newton. Pero el tema en cuestión es, que no tenemos pruebas personales, concretas y de primera mano sobre la certeza ni veracidad de que la información o teoría científica que se nos transmite sea -en todos los casos- verdadera. Y si recordamos el episodio narrado por L. Or y S. Ray en el artículo que copiamos arriba, esa posibilidad se torna mucho más remota todavía.

Como dicen L. Or y S. Ray, antes mencionados, en el fondo, podemos observar que la llamada "verdad científica" no deja de ser una superstición, o lo que en este libro llamaremos mito "a secas". Y deja de serlo, en el caso en que a nuestro respecto la ley se cumpla.

Muchos fenómenos que se vienen observando se cumplen tal y como la mente los imagina, y conforme la tesis de L. Or y S. Ray, los fenómenos se comportarán de la manera que el pensamiento que los crea lo determine. Como expresan ellos:

"Si el pensamiento es creativo, entonces el científico está creando leyes, y los experimentos funcionarán, mientras que el científico tenga la certeza de lo que va a producir, lo produce."

Este párrafo algo ambiguo ofrece ciertas dudas, que se resuelven —creo- en la medida que recordemos que L. Or y S. Ray utilizan la locución "leyes científicas" para aludir a las leyes creadas por nuestro subconsciente y cuyo radio de acción no excede el de nuestro propio comportamiento y el del efecto de ese comportamiento y de nuestros pensamientos que afecten a tal comportamiento. En este marco estrecho, no parece ser discutible el párrafo entrecomillado.

Ahora bien, en cuanto al científico profesional, entiendo que lo que allí están diciendo L. Or y S. Ray es que un científico seguro, absolutamente convencido de la certeza de que su teoría ("ley") es una auténtica "ley científica", creará el resultado de su experimento, pero este resultado "funcionará" sólo respecto de su teoría, y en particular, respecto del caso en el cual y para el cual está ensayando el experimento, lo que no implica en modo alguno que el resultado se repita en experimentos análogos, pero practicados por otros científicos con otras teorías, los que nunca podrán ser exactamente iguales, por la desigualdad de factores fácticos que se presentan en la naturaleza y -más estrictamente- en los ámbitos donde tales experimentos se llevan a cabo, tal como le pasó a L. Or cuando relató sus anécdotas de la secundaria y la universidad citadas más arriba.

Lo mismo ocurrirá si somos nosotros los que creemos en lo que los científicos creen. Es decir, si adoptamos una teoría científica y experimentamos con ella, esperando los mismos resultados que obtuvieron otros científicos. Pero el resultado puede ser disímil al esperado, y esto es por lo dicho previamente en cuanto a la singularidad de la naturaleza y de los elementos físico-químicos que intervienen y con los que interactuamos de continuo. Factores invisibles pero reales (existentes) podrían -y de hecho a menudo pueden- desviar el curso de los acontecimientos y modificar ciertos datos intervinientes en los experimentos, los que, a su turno, modificarán, en todo o en parte, en mucho o en poco, el resultado final del experimento.

Muy bien. Nada de esto obsta a que existan verdades absolutas que operen en niveles de pensamiento superiores al nuestro, es decir, de planos mentales superiores. La mente universal de Dios, -La Gran Mente- alberga verdades insondables para nuestras mentes inferiores. Se trata de las verdades absolutas, ciertas para todo tiempo y lugar, las leyes que rigen el universo. No se tratan de nuestras "verdades" humanas, sino de las verdades divinas o -al menos- Supra humanas. De allí que negamos el relativismo absoluto o a ultranza. Pero, desde luego, esta tesis de la verdad absoluta se plantea -meramente- como hipótesis.

Algún lector se sentirá tentado a encontrar lo aquí expresado como similar a la teoría platónica del mundo de las ideas y de las formas, pero lamentamos decepcionarlo, porque la analogía es inválida. Las diferencias entre la tesis platónica mencionada y la que en este libro exponemos, surgirán —esperamos- nítida en el transcurso de sus páginas.

Las verdades absolutas -sugerimos- son reveladas por el "Todo" (para nosotros Dios) en la forma de verdades relativas, que el hombre va descubriendo -en su divinidad- en el transcurso de los tiempos. Cada verdad relativa "descubierta" es un paso que nos acerca algo más hacia la verdad absoluta. Pero, siguiendo a Popper, también el campo de nuestras incógnitas se va ampliando en medida casi directamente proporcional al descubrimiento de las verdades relativas.

En este marco, lo que llamamos "descubrimientos científicos" serían muy pequeñas dosis de revelaciones que Dios hace a los hombres —primero a algunos de ellos, a quienes llamamos científicos propiamente dichos y, más tarde, de estos al resto de la humanidad- de este modo, Dios participa a los hombres de su infinita omnisciencia, como un acto de amor del Padre hacia sus hijos. Como un auténtico padre humano, no enseña "de golpe" en "un acto" todo lo que este sabe a sus pequeños hijos, porque el padre conoce que el niño, en su poco raciocinio, no es mucho lo que podrá aprender, y de hacerlo, lo será con un notable esfuerzo. La humanidad está en una relación similar respecto de Dios Padre. La humanidad es el niño, el hijo, el infante sin uso de razón, en tanto su Padre Celestial, Dios Todopoderoso, es el Padre Benigno, que con gran paciencia y amor enseña a sus hijos (la humanidad) el camino de la luz para sacarlo de las tinieblas en las que se sumergió a sí mismo en virtud del pecado.

El conocimiento no se detiene. La circunstancia de que podemos aprender cosas nuevas, y que -de hecho- en pequeña o gran medida aprendemos cosas nuevas, así parece confirmarlo. El conocimiento completo está en posesión de Dios, pero el hombre -que desconoce su divinidad u origen divino- posee sólo fragmentos de ese conocimiento en forma de verdades relativas. La ciencia moderna (en su conjunto) es una verdad relativa sostenida por científicos que gozan de mayor o menor prestigio de acuerdo a la civilización y a la cultura a la que pertenecen.

La relatividad de los descubrimientos científicos encuentra su prueba en la historia misma de la ciencia. Es la historia de la ciencia la que demuestra que, a pesar de las previsiones optimistas de los científicos de todas las épocas de alcanzar la meta de una ciencia unificada y completa, esta pretensión jamás pudo verse concretada. Personalmente, intuyo que no lo será hasta que el hombre regrese a su estado originario de perfección anterior a la Caída. Hasta que este evento suceda, se podrá seguir avanzando -con mayor o menor dificultad- en el campo del descubrimiento de nuevos conocimientos, sin llegarse a alcanzar el tantas veces pretendido en otras épocas (antiguas y recientes) conocimiento absoluto y definitivo, por vías humanas.

Como dice A. Benegas Lynch (h) podemos conocer parcelas de la verdad; pero el conocimiento de verdades relativas nos está mostrando un camino, el camino de que la verdad es cognoscible. Desde este punto de vista, podemos ser subjetivistas sin ser relativistas absolutos ni -menos aun- escépticos.

Desde una óptica individual, estamos en posesión de una partícula muy pequeña de conocimiento. De ese conocimiento, parte es verdadero y parte es falso, es decir, la proporción de conocimiento **verdadero** que albergamos en forma individual, es mucho más pequeña aun si descontamos el conocimiento erróneo. Como también nos enseña A. Benegas Lynch (h) esas parcelas de verdad, son como islas pequeñas en medio de nuestro océano de ignorancia.

Tenemos tendencia de defender en forma apasionada tanto nuestros conocimientos erróneos como el conocimiento verdadero. De ello hablan -por ejemplo- muchos libros de "autoayuda" e –incluso- los de técnicas de ventas o de marketing. Tales libros nos ilustran sobre diversas técnicas de manipulación, que sus autores sugieren para que el lector obtenga provechos, desde económicos hasta afectivos. Uno de estos autores es Dale Carnegie, un clásico de las relaciones humanas, cuyos libros comenzaron siendo -conforme palabras del propio autor- unos manuales de ventas, y se transformaron en textos de relaciones humanas.

Una de las tesis de D. Carnegie, es que el hombre defiende con pasión sus ideas y se resiste a cambiarlas. Podemos acordar con esta noción, con una salvedad, las ideas que la gente cree suyas tienen muy poco de originales. El cúmulo de conocimientos que detentamos hoy ha sido provisto por terceros de muchas maneras y a través de muchas vías: la familia, los amigos, los maestros, los profesores y -más tarde- los medios de comunicación, los periodistas, clérigos, políticos y otras imágenes de autoridad. Incluso los comentarios casuales e inocentes de amigos, pueden dejar huellas profundas en nuestro intelecto.

Poco de lo que orgullosamente llamamos "nuestro conocimiento" tiene alguna cosa o elemento de originalidad, al menos, esto es así casi en un 100 % cierto en los comienzos de nuestras vidas y se va atenuando en el curso del crecimiento, pero no deja de ser una realidad durante toda nuestra humana existencia.

Aclaremos, esto un poco si nos es posible. Lo que quiero decir es que creo que lo que conocemos nunca es original, siempre nos viene dado desde el exterior, lo que sí es original es la idea que nos forjamos acerca de lo que conocemos, ya que lo que llamamos *ideas* son combinaciones disímiles de fracciones de conocimiento que vamos incorporando a lo largo de nuestra existencia. He aquí donde encuentro un elemento de originalidad, es decir postulo la existencia de ideas originales que se forman a partir de un conocimiento que, en su base, nunca es original. Aunque la distinción parezca sutil, esperamos demostrar en el curso de estas páginas que en realidad no lo es.

Todo lo que registran los sentidos pasa al subconsciente de acuerdo al grado de impresión que las palabras, hechos y demás manifestaciones del mundo exterior causan en nosotros. A ello -en conjunto- llamamos nuestra "verdad" que podríamos añadir nosotros, es una suerte de "verdad personal" casi exclusivamente nuestra, según creemos.

La gran mayoría de las personas se limitan y se conforman con repetir frases hechas o incluso con ideas que han fabricado otros, sin mayor critica. La crítica de ideas representa un esfuerzo adicional mental que muy pocas personas están dispuestas a acometer. Es más simple tomar la idea en bruto -tal y como se ha recibido- y aceptarla, o bien, rechazarla sin ninguna clase de elaboración.

Lo que determina la adopción o el rechazo de una idea ajena, siempre depende de factores emocionales (en primer lugar) y sólo en un segundo momento, entran a intervenir elementos de nuestra propia racionalidad. En este proceso, la primera faceta (la emocional) depende -a su vez- de la fuente (u origen) de la idea, o su emisor. Si este nos resulta antipático, su idea tenderá a seguir la misma línea y seguramente será rechazada. Por el contrario, si nuestros sentimientos hacia el autor de la idea propuesta gozan de nuestro afecto, la recepción de su pensamiento se verá más facilitada y aceptada.

La falta de crítica o actitud acrítica de la mayoría de las cosas que pensamos, en parte se debe a la ilusión que tenemos y conservamos sobre la originalidad de nuestras creaciones mentales. Pocas veces tomamos conciencia que somos como "esponjas" mentales que absorbemos las ideas, teorías y pensamientos que los demás, directa o indirectamente, nos transmiten, queriéndolo o sin quererlo.

En una primera etapa de nuestra vida, las ideas inculcadas por padres, maestros, profesores, otros mayores, y demás parientes tienen "fuerza de ley" para nosotros. De niños, no se nos ocurre discutir la autoridad paterna, ya sea en su forma represora o instructora. No podemos concebir, en nuestros primeros años, que nuestros padres nos mientan. De ellos pues, tomamos nuestras primeras "verdades".

Algunos –quizás- objeten que siempre hay casos de niños "rebeldes", y si bien esto es verdad, es importante dejar en claro que se tratan de casos muy focalizados que –precisamente- por ser excepciones a la regla, llaman la atención. De ser la generalidad, no se repararía en ellos. No obstante, hay que decir que esta aparente "rebeldía" no es hacia lo que los mayores nos instruyen o inculcan, sino hacia las limitaciones o restricciones que imponen a nuestra libertad de movimientos. Sucede que, por razones de seguridad, amor y -a veces- de un excesivo cuidado, los padres tienden a sobreproteger (lo sepan o no con plena conciencia) a sus hijos, lo que -a su turno- los lleva a restringir sus movimientos, juegos, salidas y actividades expansivas. Y es a estas restricciones a las que los niños suelen rebelarse, "rebeldía" que -por lo general- siempre resulta sofocada, dependiendo de la insistencia y resistencia de padres e hijos en forma recíproca.

Pero volvamos al aspecto educativo, que es el que -en realidad- nos interesa resaltar.

Aquellas "verdades" iniciales de la familia se ven confirmadas -luego- en la escuela, pero también en la escuela nacen los primeros conflictos con las ideas que nos inculcan en nuestros hogares paternos. Muchas veces, advertimos contradicciones entre las enseñanzas de maestros y las de nuestros padres o mayores. Y estas contradicciones generan un estado de confusión en los primeros años de vida. Tengamos en cuenta, además, que en esos inaugurales años somos fuertemente emocionales y muy poco racionales. La racionalidad es algo que va surgiendo muy lentamente en nosotros y no sin gran esfuerzo.

Lo cierto es que, ante la contradicción de las primeras "verdades" que vamos recibiendo en nuestra vida tan sólo reaccionamos con perplejidad y la tendencia es a aferrarnos a aquello que consideremos como "cierto" sin más fundamento que la autoridad de la persona que ha formulado el aserto, autoridad que, por lo general, es paterna y/o familiar o está ligada a lo que llamamos nuestro "círculo íntimo" de relaciones.

Lo curioso del caso es que, llegado el individuo a una presunta "madurez" (que como veremos sólo es de tipo biológico y socialmente arbitraria) la estructura mental y el patrón de aceptación de "nuevas" ideas es el mismo.

La tendencia es a aceptar la veracidad de una idea teniendo como único patrón de orientación la autoridad de la persona que emite la idea. De niños, si un extraño afirmaba sobre un tema X algo diferente a lo que nos habían enseñado en casa nuestros padres, no dudábamos un minuto en pensar que el extraño tenía necesariamente que estar en el error o nos mentía. Lo curioso y grave —en algunos casos- de la cuestión es que con el andar de los años seguimos respondiendo a ese patrón. Tal vez con el tiempo, reconocemos que nuestros padres no siempre nos habían dicho la verdad, pero en el "transcurso de los años", esa autoridad paterna aparentemente "perdida", en realidad, se la transferimos a otras personas, que pueden ser un cónyuge, un sacerdote, un psicólogo, un maestro, otro profesional, la iglesia, un partido político, algún periodista, etc. Como vemos, siempre alguien **externo** a nosotros.

Cuántas veces hemos escuchado que "Pero lo dijo *Fulano*, ¡él no puede mentir!" en alusión a algún periodista, escritor, político, clérigo, profesor, etc. de alguna fama en cierta localidad. Por supuesto, si la idea del tercero coincide con la nuestra, entonces no hacemos más que reforzarnos en la misma. Lo cierto es, que atribuimos ligeramente la posesión de la verdad absoluta a una persona como nosotros, pero fuera de nosotros. El cambio se opera en las ideas y hasta en las personas que nos trasmiten esas ideas. Lo que no cambia es la dirección en que las ideas que llamamos "valederas" nos llegan. Es decir, nos llegan siempre desde afuera de nosotros.

Sólo muy poca gente elabora y reelabora esas ideas externas, y agregándole componentes propios llega a verdaderas nuevas ideas. La amplia mayoría no hace ese trabajo. Como mucho, se limita a interpretar el cúmulo de ideas recibidas del exterior, sin hacer aportes propios, es decir, sin que haya invención de ideas nuevas.

Puede ser importante expresar aquí que una nueva idea individual no es -necesariamente- una nueva idea social; es decir, puede surgir en nosotros una nueva idea que, sin que lo sepamos, ya fue pensada por otros, sea antes que nosotros o a la vez que nosotros. En lo que nos interesa de momento, diremos que todo mito radica en una idea, que -a su vez- puede ser social o individual, en la medida que sea una o más de una las personas que la comparten.

En este libro, nos centramos en el mito social, o sea, en aquellas ideas míticas que son compartidas (lo sepan o no) por más de una persona. Ello sin perjuicio de dar por sentado que todo mito social tuvo su origen en un mito individual, que, dado a conocer por su autor, halló de otra persona (o personas) que lo aceptaran.

La "verdad" por el mero transcurso del tiempo.

Tenemos una irresistible tendencia a creer que ciertas cosas son verdaderas, simplemente porque una gran cantidad de tiempo hemos pensado que lo eran. Como decía Dale Carnegie, somos terriblemente ingenuos en la formación de nuestras creencias y convicciones, pero nos sentimos invadidos de una ilícita pasión por defender esas creencias y convicciones cuando algo o alguien amenaza con desvirtuarlas.

La gran mayoría de las opiniones que sustentamos sobre cosas que creemos ser verdad, no podrían ser defendidas con argumentos convincentes ni siquiera para nosotros mismos. Llegado a un punto del análisis, obtenemos la conclusión que, simplemente, las creemos sin poder dar razón ni fundamentos de tal convicción. Creo que son varios los factores que intervienen en este fenómeno.

El temor a lo desconocido puede operar como factor determinante de esta actitud. Creer durante mucho tiempo en algo, nos proporciona cierta seguridad, cierta certidumbre, buena o mala. El ser humano –en general- siente una profunda atracción por la certidumbre, si bien en muchos se vive el conflicto del desafío que los impulsa a remover el *statu quo* y emprender viaje hacia nuevos horizontes en busca de renovados conocimientos y otras certezas mejores o más firmes que las adquiridas.

La tradición y el respeto a valores inculcados en el seno de la familia es otro factor, y de los fuertes. Los dogmas religiosos también tienden a estratificarnos en una serie de creencias inamovibles.

Ni siquiera ese gastado **lugar común** que es el mito de la "rebelión juvenil" cambian estas conclusiones. El estereotipo del "joven rebelde" no deja de ser un mito social. Hasta se lo educa para que cuando llegue a la "edad adecuada" se "rebele" y de la manera esperada por los adultos. Por cierto, esa rebeldía prefabricada no es más que una rebeldía a la autoridad, pero nada más que eso. De ninguna manera se trata tampoco de un fenómeno universal, inevitable, ni mucho menos biológico, como de ordinario se lo presenta.

En el mejor de los casos, se trata de una rebeldía inducida por la misma cultura contra la cual -en teoría- quiere rebelarse. El "rebelde" trata de cambiar el mundo circundante pero jamás a sí mismo. El auténtico rebelde es el que a través del cambio interno produce el cambio externo, pero sin cuidado alguno del mundo exterior. No resulta ser precisamente el caso del mito del "adolescente rebelde".

Por lo demás, resulta claro que el alcance y la extensión de esta popular idea de rebeldía es -en verdad-, muy pero muy acotada, tanto en el tiempo como en el espacio. En el tiempo no dura más que algunos pocos años. Los suficientes como para que ningún efecto de ella quede, ni en el mundo interior ni exterior del presunto sujeto rebelde. Y en el espacio, su extensión se limita como mucho al círculo familiar del novel rebelde.

Pero, como queda dicho, se trata más de uno de los tantos mitos sociales que existen desde antaño y que sólo se sostienen por una larga tradición mitológica social que de un hecho que encuentre un verdadero respaldo en el mundo real. No merece pues la atención que se le dispensa y con la cual exageran sociólogos y psicólogos, aunque también médicos y otros profesionales que tanto hablan de ella.

Sin embargo, la verdad no se consolida ni se robustece por el "mero transcurso del tiempo". Ni "el tiempo", ni la autoridad, ni la mayoría (es decir, ni la antigüedad de una idea, ni la calidad, ni la cantidad de personas que la sostienen) transforman a algo en verdadero, y obviamente, tampoco en falso.

En la historia, muchas veces criterios políticos, sociales y hasta culturales determinaron qué sería "verdadero" y qué sería "falso". A veces, la tradición, muchas veces la religión, la Iglesia, etc. decidieron por sí y ante sí lo que sería verdadero o falso. En algunos casos -y para muchas personas- eso no ha cambiado.

Son numerosas las teorías y las ideas que gozan de respetabilidad simplemente por su antigüedad y permanencia. Es más cómodo dar por cierto lo que ya sabemos y siempre creímos, que cualquier otra cosa nueva que venga a romper con nuestros prejuicios. La seguridad sigue siendo el valor más alto que persiguen los seres humanos. La aversión al riesgo hace que lo nuevo resulte sospechoso. Y si es nuevo y **extraño** mucho más aún.

Pero el punto en cuestión es que -en realidad- queremos y tratamos de ser poco conscientes de que todas esas cosas en las que creemos que fueron sostenidas durante mucho tiempo, no nos consta que así hayan sido. **Es el propio tiempo en que hace que creemos en ellas lo que proyectamos fuera de nosotros y extendemos hacia periodos muy anteriores a nuestra existencia actual.**

A lo que me refiero es que, no hay forma de probar individualmente que una tradición es realmente una tradición, en esto -como en casi todo- aquello en lo que creemos, simplemente, creemos en que se trata de una tradición porque otros a quienes —a su vez- creemos, nos han asegurado que se trata de una tradición.

Podemos encontrar —desde luego- tradiciones narradas en los libros, y en este punto concedo el beneficio de la duda acerca de sí —verdaderamente- se trata de una tradición real o ficticia, pero bien pudo haber sido el autor de ese libro -a la vez- el mismo autor originario de la tradición que, asegura en sus escritos haberse inaugurado antes que él.

Claro que nuestra propensión a creer en cosas que no hemos visto ni probado por experiencia directa, también encuentra su base —como tantas veces antes hubiéramos sostenido- en una necesidad psicológica que se muestra adversa al caos. Es el caos lo que trae inseguridad y es el estado de inseguridad el que no soportamos; ya que el caos nos sume en la inseguridad, una forma de combatirlo es sintiéndonos seguros frente al mismo y para ello, ciertas cosas deben estar en "perfecto orden" (según decimos o pensamos) al menos para nosotros. Una vez que logramos un cierto orden personal, todo el conjunto de las cosas en las que creemos también deben guardar un mínimo de orden y de coherencia. De allí que nuestra primera reacción hacia todo aquel hecho o persona que no encuadra dentro de nuestro esquema mental de orden nos produce una cierta desazón e inseguridad.

La idea de que las cosas o las personas han sido como las conocemos durante una gran cantidad de tiempo nos trasmite mucha de esa seguridad, y de allí que —normalmente- esperamos que las cosas y las personas se comporten tal como la historia nos ha enseñado que -normalmente- se han comportado durante largos periodos de tiempo. El punto que pongo en discusión es que las narraciones históricas merecen la misma duda que cualquier otra cosa que llegue a nuestros sentidos, y que, si bien no es sano ni prudente dudar de todo, ni en todo momento, ni en todas partes, una cuota de incredulidad es un comportamiento sí, bastante racional y ciertamente aconsejable.

Como he sostenido en otros sitios, estoy plenamente convencido de la naturaleza mítica del tiempo, lo que torna -a su vez- en sospechosamente mítica buena parte de lo que llamamos la historia o los acontecimientos históricos. También presumo que la idea de "orden" tiene una raigambre mítica, ya que es bastante difícil establecer criterios objetivos acerca de que es lo que propiamente podemos llamar orden y desorden (caos). Como ejemplo, podemos decir que en el mundo suelen suceder muchas cosas que no nos gustan, ya sea que seamos protagonistas de ellas o que no los seamos, es decir que les pasen a otros, y tenemos la tendencia a interpretar como desorden o inarmónico todo aquello que de una forma de otra nos moleste y -con mayor razón- si nos causa un daño.

Sin embargo, la realidad me muestra que en el mundo pasan cosas que afloran de manera espontánea, aun cuando no sean de nuestro gusto y dudo mucho en que pueda rotular a tal nivel de acontecimientos como caos. Según el punto de vista que adoptemos, un pacifista podría tildar de caótico un mundo en guerra, en tanto que un guerrero opinaría del mismo modo (como caótico) un mundo pacifico. Piénsese que muchos autores y filósofos de todos los tiempos exaltaron la violencia como un valor en sí mismo.

El mito histórico está mucho más difundido que lo que realmente se piensa, pero sobre la creencia mítica es posible edificar conductas con efectos prácticos en el presente. Lo mismo sucede con muchos mitos sociales, como por ejemplo el marxismo. Sus efectos prácticos han dejado huellas indelebles y nefastas en millones de personas y sus consecuencias perduran en todo lugar donde quiere aplicarse dicha doctrina.

Y como ya indicáramos, todo mito social siempre comienza siendo un mito individual, e -indudablemente- los mitos individuales tienen sus primeros efectos en la persona que los concibe y que cree en ellos. Si el tiempo (en su sentido convencional y no en el nuestro) hace que el mito individual se expanda y se llegue a transformar en social los efectos prácticos del mito social encontraran materialización en un rango mucho más amplio de personas. Muchas tradiciones están construidas sobre mitos que siguieron exactamente el proceso descripto aquí.

Lo que F. A. V. Hayek llama un *orden espontáneo* no guarda similitud -a mi modo de ver- con lo que la mayoría de nosotros conocemos como orden natural; excepto que se tomen las palabras "espontáneo" y "natural" como sinónimos, sinonimia que ponemos en duda.

La verdad por la moda.

En otros casos, hay cosas que se creen "verdaderas" (o "falsas") simplemente porque está de moda considerarlas así. En este supuesto, se habla de teorías, costumbres, etc., "modernas". Generalmente la palabra "moderna" esconde la verdadera significación que sería "de moda".

Pero conforme podemos constatar en las fuentes históricas, muchas cosas que llamamos "modernas" existen desde muy antiguo; sucede que las consideramos "modernas" solamente en tanto y cuanto dure nuestra ignorancia sobre su existencia pasada.

La frivolidad y la trivialidad campean en estas supuestas "verdades". Como surge de las definiciones transcriptas más arriba, también estas variantes de "verdades" son de orden materialista. Se orientan a lo que se puede "ver, tocar, escuchar, oler". Aun en la variante de la "verdad por la moda" el elemento materialista está presente, donde adquiere su papel más notable lo estético por sobre lo ético.

También hay un componente "idealista" en esta versión de "verdad". Hay teorías que se ponen de moda y que se consideran "verdaderas" simplemente porque es de moda hacerlo, o porque queda bien, o da algún tipo de prestigio, status o de renombre. La moda -en cualquier caso- puede definirse como aquel comportamiento o idea que se comparte mayoritariamente, es decir, que es sostenido por una mayoría de personas, donde la palabra *mayoría* puede referirse y acotarse a todas las personas que conocemos o al mayor número de personas que conocemos. Se esconde tras ella la necesidad psicológica de una aprobación social, lo que -a su vez- revela una grave carencia de autoestima individual.

No hace mucho, estaba de moda ser comunista, luego se puso de moda llamarse capitalista, liberal, posmoderno, etc. "La verdad de moda" se aplica, como vemos, tanto a los objetos sensibles como a las teorías. Pero —nuevamente- el examen histórico revela la mutabilidad de estas "verdades" y su carácter relativo. Las modas van y vienen, o -más propiamente dicho- se reciclan ellas y se reimplantan, se suplantan mutuamente, se excluyen, pero difícilmente se extinguen, excepto que dependan de un cambio tecnológico profundo.

Cuando me refiero al cambio tecnológico aludo a modas que dejan de serlo porque se extingue o desaparece el medio por el cual solían expresarse. Por ejemplo, la moda de pasear en diligencias o carruajes se extinguió cuando desapareció la última diligencia. Pero bien visto, lo que hubo es, una suplantación de un medio tecnológico por el otro; porque la costumbre de pasear no se extinguió -simplemente- se reemplazaron los carruajes por los coches. Alguien que pretendiera pasear hoy en día en diligencias tiradas por caballos resultaría ser un exótico.

La necesidad tecnológica puede dar nacimiento a una moda. Con la difusión de los computadores u ordenadores personales, se creó una nueva moda, que respondía a un nuevo patrón tecnológico, nada de malo hubo en ello, y sus efectos duraron hasta que la sociedad en cuestión se informatizó lo suficiente como para que la moda dejara de serlo. Lo mismo con los teléfonos móviles o celulares. Muchas veces las modas se transforman en un medio común y corriente y habitual de vida. Ergo, ya no son modas.

Todo comportamiento antes de ponerse de moda siempre comienza siendo raro y excéntrico. La moda se diferencia de la costumbre por su brevedad y su carácter efímero (hasta que cambia por otra) en tanto que la costumbre cuando es observada durante largo tiempo por un gran número de persona termina convirtiéndose en una tradición.

La moda es lo que se hace "porque otros lo hacen". Y esta es su única razón para adoptarla. Reflejo de la falacia *ad populum*.

Mente. Realidad. Fantasía.

Toda creación mental es real, ergo, los mitos -como creaciones mentales- son reales y no fantasías. La mente es real, por tanto, sus creaciones son reales, no son ilusiones, no son fantasías. Existen aquí y ahora. Pero si bien toda creación mental es real y por lo tanto no mítica, no toda creación mental es verdadera. Las ideas (típicas creaciones mentales) desde el punto de vista lógico, pueden ser verdaderas o falsas.

Ahora bien, las ideas siempre son reales, en otras palabras, la verdad o falsedad forman parte de la realidad. Una idea siempre es real —como idea- pero en cuanto a su contenido, puede ser falsa, o verdadera.

La idea de Dios es real porque mi mente es real y si mi mente (que es real) piensa en Dios, automáticamente Dios pasa a ser real. No importa si soy ateo, agnóstico o creyente. Si pienso en Dios, es que puedo pensar en Él, y si puedo pensar en Él, Dios existe a partir del momento en que pienso en Él. De manera tal que las célebres polémicas entre ateos y creyentes son absurdas. Es absurdo discutir si Dios existe o no. Dios SIEMPRE existe, porque de hecho estamos discutiendo sobre Él. No tiene sentido discutir (sería imposible hacerlo) sobre algo que no existe. De momento que podemos argumentar sobre Dios, Dios existe, aunque más no fuera como elemento de argumentación. Pero Él Es más que un simple elemento de argumentación. Si se responde que la mente -pese a ser real- puede pensar en cosas falsas o verdaderas, ello es indudablemente cierto, pero no por este simple hecho de allí podemos concluir que Dios "no existe". Veamos cómo. Es cierto, aceptamos, que la mente -pese a ser real- puede pensar en cosas falsas y en otras verdaderas. Pero, en ambos casos, esos productos mentales (falsos o verdaderos) son posibles. Ergo, ya sea que se sostenga que Dios es falso o verdadero, no puede negarse de ningún modo que Dios es posible.

Luego, si Dios es posible, ya no se puede decir rotundamente que "no existe", desde que se tiene que admitir la posibilidad de Su existencia. Si es posible que Dios exista, a que efectivamente exista no hay más que un simple, paso. Lo que es muy diferente a negar en absoluto su existencia. Esto significa, a nuestro modo de ver que, en el peor de los casos, un ateo no es sino un agnóstico que no sabe que lo es (o que lo sabe, y que por alguna razón que no hace explícita, simplemente quiere engañarnos o engañarse). Y un agnóstico (aunque no sepa que lo es, o lo sepa y no quiera admitírselo a sí mismo ni a otros) está más cerca de aceptar la existencia de Dios que de rechazarla.

Lo que verdaderamente quieren o desean discutir -o están discutiendo, agnósticos, creyentes y ateos- es algo muy diferente. Es sobre si ESA idea de Dios que TODOS ELLOS TIENEN, recalquémoslo, es verdadera o falsa. Pero discutir sobre si Dios existe o no, es plantear mal las cosas (a sabiendas o no de ello) Es decir, contendemos sobre si Dios tiene los atributos que los creyentes le otorgan o si Dios carece de esos atributos (posición atea) O, dicho, en otros términos, si la idea de Dios es verdadera o falsa, ya no en un sentido lógico, sino ontológico.

Esa verdad o falsedad que gira en torno a la discusión entre ateos y creyentes se refiere en todos los casos a sí Dios es o no materializable. Un ateo siempre critica la idea de la existencia de Dios desde un punto de vista eminentemente materialista porque el ateísmo es materialista por definición. Ergo, lo que el ateo se empeña en demostrar es la falsedad de la existencia material de Dios, y, por ende, de su existencia completa, ya que para el ateo "existir" es ser algo material y nada más que eso. Para un ateo sólo la materia existe, lo que no es materia no.

La discusión gira en torno a los atributos de la idea. En el ejemplo dado, uno de los atributos de la idea de Dios sería la omnipotencia, otro sería la omnisciencia. Negar la existencia de seres omnipotentes, (por elegir un atributo) no implica de por sí negar la existencia de Dios, porque alguien podría afirmar que si bien Dios existe no es omnipotente. Es más, se podría llegar al extremo de argumentar la existencia de un Dios sin los atributos de omnipotencia y omnisciencia (muchos dioses míticos de las culturas antiguas carecían de tales atributos). Pero los atributos de la idea -o con los que rodeamos los conceptos-, no son las ideas mismas, si bien esos atributos son también -y, además- otro tipo de ideas.

La discusión sobre la existencia de Dios tiene una veta histórica o proto-histórica. Lo que discutimos en este punto – además- es si la primera causa de todas las cosas es algo que llamamos Dios o es algo que llamamos Big Bang o azar o devenir o caos, etc. pero esto es una cuestión meramente terminológica y no conceptual en sí misma. Notemos que sólo cambiamos los rótulos, pero siempre hablamos sobre lo mismo: la primera causa, el origen de todas las cosas. Y el origen de todas las cosas es real, existe, de hecho, estamos aquí, nos vemos, nos escuchamos, nos sentimos, nos tocamos, nos olemos. Existimos. Y también intuimos que no siempre fuimos así ni estuvimos aquí. Empezamos a "estar" en algún momento y de alguna manera. Es decir, todos admitimos la existencia y la realidad de "algo" que llamamos de modo diferente.

Para usar otras palabras "Dios, el Big Bang, el azar, la naturaleza, el destino, el devenir, el caos, el diablo, etc." existen, porque podemos pensar en ellos, ergo existen. Son reales. Lo que debatimos es con cuál de ellos empezó todo. Contendemos qué parte tuvo cada uno en el mundo material manifestado. Discutimos si es cierto o falso que fue uno y no el otro el que comenzó con todo. Si fue una explosión en el infinito o si fue la voluntad de Dios la que creó todo. Pero admitimos que todos ellos existen, porque nuestra mente así lo indica, ya que esas ideas existen en nuestras mentes y nuestra mente es real, entonces esas ideas son reales. Están vivas. No son meras fantasías. No son ilusiones.

La idea de una cosa le da existencia a la cosa, no interesa si la cosa está manifestada o in manifestada. Volviendo a Dios, la idea de Dios le da existencia a Dios, no importando si Dios está manifestado o in manifestado. De la misma manera que la idea de "átomo" le da existencia al átomo, no interesando si el átomo está manifestado o no. Tampoco interesa si la cosa es manifestable o no. Por ejemplo, la idea del minotauro le da existencia al minotauro. En este caso tenemos una idea real no manifestada (nunca vimos un minotauro, al menos yo nunca lo vi) pero que una cosa no esté manifestada o no se haya manifestado, nada nos dice sobre si dicha cosa es manifestable o no. En otros términos, podemos decir "jamás se ha manifestado la idea del minotauro" pero no podemos decir "jamás se manifestará", porque, así como no siempre se manifestaron los elefantes -por ejemplo- en la Tierra y luego se materializaron, algo similar podría suceder con una especie no manifestada jamás antes. La misma raza humana estuvo no-manifestada durante millones de años hasta que en la Tierra se dieron las condiciones necesarias como para que apareciera.[33]

Ahora bien, si alguien afirma haber visto un minotauro o haber visto a Dios, yo no tengo forma de probar que tal afirmación sea falsa o sea verdadera. El hecho de que yo, personalmente, jamás haya visto ni un minotauro ni haya visto a Dios no prueba por sí mismo la no-manifestación de tales entes. No puedo probar que tales entidades no se hayan exteriorizado ante específicos individuos. Sólo me queda la opción de creer o no en la revelación, pero jamás podré probar la verdad o mentira de la concreción en sí misma. En otros términos, es imposible que pueda probar que Dios o el minotauro jamás se hayan aparecido a persona alguna.

A fin de evitar caer en cuestiones terminológicas me parece importante aclarar que utilizo el término "manifestado" en el sentido de "exteriorizado materialmente" de manera tal que sea percibido en el mundo sensible. El lector podrá intercambiar ese término -en este contexto- por "materializado" "corporizado" "exteriorizado" *concretizado*, todas expresiones equivalentes a lo que quiero significar con "manifestado" que utilizo, quizás, por una mera comodidad y sin mayor precisión.

---

[33] http://www.see.org/s-ct-pre.htm

3.1. Fantasía

Considero que la mente es causante de toda realidad y de toda fantasía, pero, como llevo dicho, la palabra fantasía ha perdido fuerza y significación —en el sentido que habitualmente se le da- dentro de mis tesis. Me sentiría inclinado a redefinir la fantasía como todo aquello que aún no ha sido pensado, ya que sostengo que todo lo pensado es existente y por lo tanto real, lo que se opone al sentido corriente que se le da al vocablo "fantasía".

En mi tesis, fantasía es todo lo que no ha sido pensado por mente alguna, ya que una vez pensado algo entra en el mundo de la realidad.

En este contexto, los cuentos de hadas no serían fantasías, tampoco las novelas de ciencia-ficción, ni muchas de las cosas que habitualmente se toman por fantasías.

La definición habitual de fantasía restringe y acota indebidamente el campo de la creatividad humana. En una palabra, nos limita.

Si tuviera que volcarme por una definición de fantasía lo haría por la siguiente: *FANTASÍA (vid. IMAGINACIÓN): Se dice particularmente de la tercera función atribuida a la imaginación, la llamada imaginación creadora o combinadora, por la que se entremezclan contenidos imaginativos procedentes de momentos y orígenes diversos, creando situaciones nuevas o imágenes originales en su combinación o estructura.*

IMAGINACIÓN (lat. imaginatio, phantasia): Facultad sensible o sentido interno capaz de reproducir sensaciones o percepciones en ausencia de sus estímulos. De las tres funciones que se le atribuyen (conservadora, reproductora, combinadora) se da vulgarmente el nombre de imaginación (o FANTASÍA, vid.) a la última, combinadora o creadora.

Fuente: http://filosofia.net/materiales/rec/glosari2.htm

Nótese que estas definiciones no oponen la fantasía a la realidad como se lo hace comúnmente. En esto rescato el mérito de estas definiciones. La fantasía tiene un valor incalculable como clave del proceso creativo.

La mayoría de los que se consideran a sí mismos realistas ingenuos (y que se sorprenderían de ser llamados *ingenuos*) cuya consigna podría sintetizarse en el tristemente célebre "ver para creer", por el contrario, creen más en lo que no ven que en lo que ven.

Creen en la redondez de la tierra sin haberla medido nunca personalmente, creen en personajes históricos que jamás conocieron y en hechos históricos en los que no estuvieron presentes, creen en la existencia de países que nunca visitaron, creen en las palabras de un familiar, amigo o pariente, en un líder cultural, político, sindical, religioso o educativo y creen en las noticias que les venden los periodistas. A todo eso ellos le llaman "realidad" simplemente porque —creen que- lo perciben con sus sentidos y porque han decidido no dudar ni de lo que sus sentidos les ofrecen, ni de la autoridad de las personas de las cuales, en definitiva, toman sus creencias.

Sin embargo, desde mi perspectiva, a todo ese conjunto de cosas bien podría llamarlo *fantasía*, poniendo en tela de juicio la verdad o —en un contexto más amplio- la realidad de tales manifestaciones.

Si analizaran más a fondo todo esto, advertirían que en lo que están creyendo no son más que en palabras e imágenes generadas por otros, por personas como ellos los que creen "en lo que ven". En suma, creen en lo que ven o vieron "otros". En otras palabras, creen por un simple acto de fe.

¿Cómo sabemos que es real lo que nos muestran los sentidos? Simplemente afirmamos que lo es por el sólo hecho de que otras personas afirman percibir los mismos fenómenos que nosotros creemos percibir. Pero no tenemos ninguna certeza de que estemos engañándonos unos a otros siendo víctimas de un espejismo colectivo.

Inclusive ya hemos hablado de la creencia en cosas que ni siquiera son percibidas por los sentidos. Por ejemplo, hasta el realista más materialista cree que la gente piensa, aun cuando no pueda ver, oír, tocar, oler ni saborear el pensamiento ajeno. Simplemente lo asume -como el resto de sus creencias- por un acto de fe. Y así, el mismo diccionario que hemos citado arriba, nos dice sobre la fe: *FE: Virtud sobrenatural que nos inclina a creer lo que no hemos visto por habernos sido revelado. Existe también una fe humana, origen de la mayoría de nuestros conocimientos, que versan sobre objetos que no hemos visto ni demostrado.*

Es evidente que hablo aquí de la segunda acepción, aquella por la cual *"Existe también una fe humana, origen de la mayoría de nuestros conocimientos, que versan sobre objetos que no hemos visto ni demostrado."*

3.2. *Orgullo. Soberbia. Pensamiento original*

El orgullo y la soberbia parten –justamente- del énfasis con que defendemos ideas y posiciones de otros que creemos nuestras. Esto nos lleva al tema de la originalidad del pensamiento y la respuesta a la eterna pregunta acerca de sí existen -en realidad- pensamientos originales. Nos volcamos por la afirmativa en la cuestión, con algunos matices que desarrollaremos más abajo. Creemos en el pensamiento original, pero reconocemos que el pensamiento original es -a su vez- una inteligente mezcla de ideas de otros, ya que a lo largo de nuestra vida no hemos hecho más que absorber ideas ajenas. Sin embargo, el pensamiento creativo **no es** la simple suma de las ideas ajenas que hemos recibido a lo largo de nuestra vida. El pensamiento creativo lo definimos como la inteligente combinación de ideas externas, ajenas a nosotros, que da como resultado una idea nueva, no pensada por ninguna otra persona antes. No soy original en la exposición de las ideas de otros en el curso de una conversación, conferencia, libro o discurso. Pero si soy original en las conclusiones que puedo obtener de una inteligente combinación de esas ideas y que den por resultado algo no pensado antes por ninguna otra persona.

Resumiendo:

La originalidad de una idea está dada:

1. Por la forma o manera de combinar ideas de otros.
2. Por el resultado de esa combinación.

Creo que esto puede ser llamado pensamiento creativo.

En suma, descarto que seamos simples copias, o, mejor dicho, repetidores de ideas ajenas. Desde luego que -con Ludwig von Mises- acuerdo en que la gran mayoría de la gente opta por amoldarse a cosas conocidas e ideas ya elaboradas por otros sin agregar nada propio. Incluso, comportarse y guiarse de acuerdo a ideas ya elaboradas, fabricadas y puestas a disposición por otras personas. Son muchas las personas que siguen viviendo de acuerdo a las reglas impuestas en sus casas paternas, sin entrar a discutir la lógica, coherencia o utilidad de estas reglas.

No es que toda idea ajena sea necesariamente mala o inconveniente o –aun- falsa para otra persona. Muchas ideas ajenas son útiles a nosotros mismos. Tampoco es cuestión de rechazar toda idea externa a nosotros como nociva o falsa. Gran parte de las actuales normas de convivencia en la civilización occidental son útiles. La clave es que todo es mejorable. Y que se puede construir sobre ideas buenas, mejorándolas aún más. En eso consiste el progreso.

Después de todo, nunca hemos de perder de vista que llegamos a un mundo ya construido por seres que no hemos conocido y que nos han precedido en tan magna tarea. El mismo mundo en que vivimos y en el que un día despertamos es -por completo- una obra ajena a nosotros, que excede -en mucho- nuestras propias fuerzas y las de muchos otros.

Ahora bien. Dentro del campo de las verdades relativas, lo que es verdad para uno puede no serlo para alguien más. Muchas verdades útiles a Juan y que le dieron muy buen resultado -en el pasado y en el presente- pueden ser completamente inútiles para Pedro, que deberá buscar sus propias verdades relativas. Postulo que la búsqueda de verdades relativas conduce por diversos caminos hacia una verdad absoluta a la que puede llegarse por distintas vías (incluyendo la revelación, teniendo en claro que una revelación es una experiencia mística).

Claro que, alguien podría no estar interesado en la búsqueda de la verdad y -meramente-, conformarse con la idea de que aquello que hace –simplemente- le resulta útil, sin importarle demasiado si es verdadero o falso. Pero aun en este caso, me parece que estamos dentro de la esfera de las verdades relativas. Ya que es una cosa útil, es algo "verdadero" para esa persona y aun cuando solamente lo sea para alguien en particular, para él o ella, siempre será una verdad relativa, pese que no se preocupe por descubrir el contenido de verdad que pueda existir en su acción, ni en las ideas que motorizan esa acción.

En el plano físico, no debemos perder de vista que nos manejamos siempre con verdades relativas y que el 80 % de las discusiones giran en torno a las mismas, de allí que la mayoría de las polémicas sobre la mayoría de los temas sean inconducentes cuando el propósito es de tratar de imponer una verdad relativa sobre otra verdad relativa. De ordinario, los debates y diálogos consisten básicamente en esto último, una lucha por imponer criterios relativos, unos sobre otros. Este método no puede más que conducir hacia la confrontación, su resultado de mayor horror son las guerras y conflictos armados en general.

Es que si la puja o debate se basa sobre la premisa de que una verdad debe prevalecer por sobre otra por el sólo hecho de que quien la sostiene así lo considera, quien esto procura ya deja de creer en poseer una verdad relativa, y pasa a creer o sostener y convencerse de que está en posesión de una verdad absoluta. La verdad humana total, o la Verdad humana con mayúsculas, opino que es el resultado de la suma de las pequeñas verdades relativas y no, en la predominancia de una de ellas por encima de las demás. Por otra parte, no considero que nadie en el plano humano deba llegar a creer que su verdad es la absoluta, y que por tal hecho deba imponerla por sobre los demás. Ya que en este último supuesto estaríamos frente a un claro ejemplo de totalitarismo.

La verdad humana es como un rompecabezas, que la humanidad -en el curso de la historia- ha intentado (y sigue intentando) armar, intento en el que -muchísimas veces- ha fracasado, pero en el que, de todos modos, no ha cejado jamás.

El nivel de confrontación debe desaparecer en el debate y dar lugar a una actitud diferente. El camino de la verdad no consiste en tratar de imponernos unos a otros nuestras verdades relativas, sino mediante la comparación de nuestras verdades relativas tratar de descubrir el camino hacia la verdad absoluta. Lo central de esta idea me parece que está en la "no-confrontación" o quizás mejor expresado en la "no-imposición" de una verdad relativa sobre otra. Me parece enteramente aplicable el concepto praxeológico de Ludwig von Mises de "cooperación social". El sistema de "cooperación social" que tiene su base en la Escuela Austriaca de Economía es perfectamente adaptable -a mi juicio- en el camino de la búsqueda de la verdad.

El sistema de cooperación social **no** es un sistema de **lucha,** donde se trata de aniquilar la producción -o la verdad- de otro. Por el contrario, es tal y como su nombre mismo lo indica, un sistema de cooperación donde se busca lo bueno de dos (o más) posiciones y se procura una síntesis superadora entre ellas.

Con todo, la originalidad de las ideas es un artículo muy escaso en el mercado de ideas. Normalmente, casi todos nosotros olvidamos rápidamente el momento exacto y la persona puntual que nos trasmitió una idea desconocida antes para nosotros. Y con esa misma velocidad con la que olvidamos a quien nos hizo saber por primera vez algo que nosotros desconocíamos, muy pronto creemos -de ciencia cierta- ser los creadores y autores de la idea en cuestión. De allí, que casi todos nosotros tenemos la ilusión de ser pensadores originales y de allí la misma ilusión de creer ser los autores del 100% de nuestras ideas.

Es naturalmente comprensible que de los millones de cosas que incesantemente hemos visto y oído a lo largo de nuestra vida hayamos olvidado la mayoría de las veces en que una idea o situación nos llegó por primera vez. Quizás si la idea nos impresionó mucho recordemos con nitidez la persona, el momento y hasta el lugar exacto donde la idea nos fue presentada por primera vez. Sin embargo, estas ocasiones son contadas, aun con lo numerosas que pueden haber sido.

Lo que no resulta comprensible es que neguemos la conciencia del proceso de olvido y adoptemos en su lugar la actitud soberbia de proclamar -a los cuatro vientos- ser los autores de una idea que no nos pertenece como creación. Es preferible, si es que verdaderamente no tenemos certeza de sí la idea ya ha sido pensada y expuesta por otro u otros, sencillamente reconocerlo con humildad. De esta manera, también nos sentiremos menos afectados cuando recibamos críticas agudas -o aun duras- contra posiciones ideológicas que sostenemos con fervor. O tal vez convenga seguir el consejo de Popper, y ser los críticos más acérrimos de las cosas en las que creemos, poniendo siempre a prueba nuestras teorías y nuestras afirmaciones, tratando de enriquecernos continuamente con las ideas ajenas.

No obstante, como hemos dicho, es muy difícil encontrar ideas verdaderamente originales. Aunque este no me parece el mayor problema. El inconveniente más grande -a mi modo de ver- no es si la idea es original o no, sino si la idea es útil o no.

Hace tiempo que dejó de preocuparme si la idea X fue *primero* ella pensada por Platón o por algún otro filósofo moderno. Me parece que lo más relevante es analizar la utilidad o veracidad de la idea X.

Perdemos mucho tiempo discutiendo sobre si Juan o Pedro fueron los primeros en sostener la teoría del flogisto o de la radiactividad. Tendríamos que emplear más bien ese tiempo en determinar si esas teorías son todavía útiles o valederas, o bien, deberían ser reemplazadas por otras en su lugar.

Tenemos una tendencia a creer que nuestro pequeño mundo es "universal". Universalizar es soberbia pura. Es negar las diferencias. Es la arrogancia de tratar de imponer nuestras ideas a los demás. Y nuestras ideas, correctas o equivocadas, son personales, no universales. El prójimo puede pensar algo completamente diferente y quizás muy válido para él, incluso en el error más completo para nosotros. Claro que esto no habilita a permitir que el prójimo nos dañe bajo ningún pretexto. Y viceversa.

3.3. *Niveles de pensamiento original.*

Consideramos que hay tres niveles que podrían tener una forma piramidal en el proceso de creación del pensamiento original. En el primer nivel, contamos con las ideas externas del mundo. En el segundo nivel, combinamos esas ideas externas de manera creativa, dando principio a ideas originales. Y en el tercer nivel ubicaríamos a la distinta combinación de ideas originales del segundo nivel que darían lugar a nuevas ideas originales de tercer nivel. Podríamos llamar a este tercer nivel la auténtica originalidad o el súmmum de la misma.

Podemos decir que la mayoría de las personas se encuentren en el primer nivel, un número menor de personas racionalizan en el segundo nivel, y un número mucho más reducido de personas "trabajan" en el tercer nivel. Como toda clasificación, la presente también es convencional, y puede ser modificada a gusto del lector.

Capítulo 4 El poder creativo del pensamiento.

El mito, aun en su fase social, reside en la mente, es decir, es un pensamiento, sin entrar por el momento en mayores distinciones terminológicas. De allí que, será interesante analizar ciertas opiniones sobre el pensamiento, entre ellas algunas sugestivas como las de Leonard Or y Sondra Ray, que en un artículo que da el título a nuestro capitulo, hacen llamativas observaciones sobre el pensamiento, las que iremos transcribiendo y comentando en cada caso que resulte necesario. Ellos comienzan su artículo con una pregunta:

¿Cuál es aquella verdad que puede ser real para todas las personas en todo tiempo y espacio? QUE EL PENSADOR CREA CON SUS PENSAMIENTOS"[34]*La única forma de probar que esta afirmación no es verdad es pensando que no lo es, y de ese modo se comprueba el axioma. Por ejemplo si tú dices "No, eso no es la realmente verdad". Ese pensamiento que tuviste sólo prueba, una vez más, que el pensamiento es creativo.*

Se trata -sin duda- de una verdad relativa y no absoluta, ya que lo que unos pueden considerar verdadero otros pueden considerarlo falso. En el ejemplo puesto por los autores en comentario, lo que ha creado ese pensamiento es una idea de falsedad, en otros términos, quieren decir que ese pensador afirmando su ne-

---

[34] El Poder Creativo de los Pensamientos por Leonard Or y Sondra Ray

gación de realidad verdadera a la afirmación "el pensador crea con sus pensamientos" ha creado una verdad real para él, y en este caso para nadie más. Decimos que es una verdad relativa porque es enteramente subjetiva, subjetivismo en el que parecen estar completamente enrolados los articulistas en comentario.

"El pensador" es anterior a tus pensamientos estés pensando o no. Puedes usar diferentes palabras para describir al pensador: Ser, Espíritu Infinito o Dios. [35]

Se trata de un párrafo verdaderamente ambiguo, pero interpretamos que lo que quieren hacer es dar una "jerarquía" de pensadores, por así llamarla, en la que el Primer Pensador serían las distintas entidades que mencionan. Otra exégesis podría estar indicando que señalan al Creador de todos los pensamientos, pero por lo que sigue luego, la primera interpretación luce como la más probable.

No confundas al pensador con el subconsciente. El subconsciente significa "bajo la conciencia" y consiste en pensamientos pasados. El subconsciente es creado por los pensamientos. El Pensador está más allá de todo pensamiento, es antes que el pensamiento, por eso puedes crear con tus ideas.[36]

Nosotros creemos que el subconsciente está formado por mucho más que pensamientos, pero quizás se estén refiriendo al subconsciente como algo diferente al inconsciente, separación que muchos hacen, a veces no explícitamente. En cuanto a la posición de preeminencia del pensador en relación a sus pensamientos, nos parece una cuestión de absoluta obviedad, resulta claro que si no hay pensador no puede haber pensamiento alguno, razón por la cual es absolutamente lógico que el pensamiento derive de un pensador y no al revés. Sin embargo, no es clara para nada la referencia a que la posibilidad de crear cosas con el pensamiento se deba a dicha circunstancia.

TUS PENSAMIENTOS SIEMPRE PRODUCEN RESULTADOS. ¿Estás teniendo pensamientos positivos o negativos? Los pensamientos positivos producen resultados positivos, y los pensamientos negativos, resultados negativos. Es así de simple. Para obtener siempre resultados positivos en tu vida, tienes que convertir tus pensamientos negativos en positivos. Puedes transformar las emo-

---

[35] Ídem, nota anterior.
[36] Ídem, nota anterior.

ciones de la misma manera, ya que éstas son sólo estructuras del pensamiento. Una vez que comprendas esto y lo aceptes, tendrás una herramienta muy poderosa. Simplemente persiste con el pensamiento positivo hasta que disuelva el negativo.[37]

Nos resulta bastante dudoso que las emociones se limiten a ser solamente estructuras del pensamiento, pero de momento no vamos a introducirnos en el análisis de dicha cuestión. Según parece, para los autores, los pensamientos son los que determinan las acciones humanas, ya que no hacen ninguna distinción entre pensamiento y acción. A primera vista, parecería una recomendación de lo más ingenua si no fuera por el hecho de que un estudio a fondo la revela como inteligente. En realidad, en la mayoría de nosotros conviven diariamente pensamientos positivos y negativos entremezclados, los que se suceden y se alternan, por eso a veces tenemos resultados positivos y otras veces negativos. Ahora bien, hay cuestiones algo más complejas, por ejemplo ¿qué sucede cuando una persona piensa "positivamente" en asesinar a otra? Lo que es un pensamiento positivo para el posible asesino es otro negativo para su potencial víctima. Lo que nos parece en este caso es que, la cuestión se resuelve por el conflicto de fuerzas entre dos pensamientos antagónicos, es decir, si el pensamiento del asesino es potencialmente más fuerte que el de su víctima seguramente es de prever que el intento de crimen se llevará a cabo, y sucederá lo contrario en el caso inverso, en el que el pensamiento de la posible victima prevalezca. Por supuesto, en ambos casos predominará el pensamiento positivo que, como ya hemos visto, es diferente para el agresor y el agredido respectivamente. Lo que exponen los autores puede ser 100 % cierto en contextos donde no se involucre a terceros, pero estas situaciones son a su vez poco frecuentes, o en el mejor de los casos, están muy acotadas. Lamentablemente, los autores no parecen dar aquí una solución al tema del conflicto de pensamientos "positivos" en sentido contrario como el ejemplo que dimos. El problema de fondo es que, "lo positivo" se define subjetivamente, razón por la cual, dos pensamientos igualmente positivos, pero en sentido contrario, de dos personas diferentes, pueden ser -y normalmente

---

[37] Ídem, notas anteriores.

son-, antagónicos y, por ende, conflictivos, y resulta necesario explicar cómo se resuelven en la práctica estos escenarios.

RECUERDA: EL PENSAMIENTO SIEMPRE PRODUCE EFECTOS. "El hombre es lo que piensa". Ser una persona espiritual significa afirmar lo positivo frente a lo negativo. Y esta armonía del pensamiento trae PAZ Y EQUILIBRIO.[38]

Aquí parece haber una explicación a lo que los autores en examen consideran "positivo" y que estaría dado por la afirmación de lo espiritual, dentro de una *armonía* del pensamiento que trae *paz* y *equilibrio*. Este párrafo parecería clarificar un poco nuestro anterior dilema del conflicto de pensamientos positivos, pero en sentido contrario (lo positivo para uno es lo negativo para el otro y viceversa). Pero todavía, aun así, podría alguien decir que el asesino de nuestro ejemplo sólo encontrará su armonía, su paz y su equilibro recién después de cometido el crimen. La nuestra no se trata de una hipótesis irreal, porque ese parece haber sido el caso de Hitler, Stalin, Mussolini, Mao Tse Tung, Pol Pot y tantos otros siniestros personajes de la historia. Lo positivo para sus víctimas era lo negativo para los nombrados y viceversa.

Si pensar positivamente no te produce resultados, entonces has la prueba pensando negativamente. Algunos piensan negativamente acerca del pensamiento positivo y funciona. Si dices que pensar positivamente no funciona, eso mismo ocurrirá. Si dices que tus afirmaciones no funcionan, eso es lo que sucederá. El pensador origina todo lo que sucede con el pensamiento y que luego se manifiesta como la realidad de tu vida.[39]

Nuevamente, se trata de un párrafo que omite toda referencia al hombre en un contexto social, y sólo parece girar en torno a un sujeto aislado, cuya "suerte" dependerá sola y exclusivamente del sentido de sus pensamientos y solamente de estos últimos, con prescindencia al de todos los demás, sean estos familiares, amigos, vecinos, compañeros, etc. Llegados a este punto resulta necesario clarificar y definir con la mayor precisión posible, qué es o qué debe entenderse por un pensamiento positivo (o negativo), porque ello nos va a posibilitar hacer interpretaciones más claras de lo que probablemente nos quieran decir los autores. Para lo cual, creo que nos será útil la siguiente tabla:

---

[38] Ídem, notas anteriores.

[39] Ídem, notas anteriores.

1	1		1	PP	POSITIVO
2	1	-1	0	PN	NEUTRAL
3	1	1	2	PP	POSITIVO
4	-1	-1	-2	PN	NEGATIVO
5	-1		-1	PN	NEGATIVO

En la fila 1 suponemos que un sujeto cualquiera, por ejemplo, el lector, tiene un pensamiento de algo bueno sobre sí mismo, pero nada piensa respectivo de los demás (ni bueno ni malo) en este caso, el resultado será 1 es decir, un pensamiento positivo (PP). En la fila N° 2 el pensador tiene un pensamiento bueno acerca de si mismo pero malo respecto de otro u otros; en tal supuesto el resultado se anula, siendo igual a cero, lo que se traduce en un pensamiento neutral (ni positivo ni negativo). En el caso N° 3 el lector (o cualquier persona), tiene un pensamiento bueno acerca de sí mismo y también bueno sobre otra persona o personas; el resultado es 2, es decir, se trata de un pensamiento positivo (PP). En el caso N° 4 el sujeto tiene un pensamiento malo sobre sí mismo y también malo sobre otra u otras personas; aquí el resultado será igual a menos 2, es decir, un pensamiento negativo (PN), y por ultimo (aunque el orden fue tomado al azar) en el supuesto N° 5, el lector tiene un pensamiento malo de sí mismo y nulo sobre los demás (ni bueno ni malo); el resultado aquí es menos 1, o sea un pensamiento negativo (PN). Si esta clasificación es correcta, con ella se resuelven todas las paradojas que se nos hubieran planteado y que hemos mencionado antes, y, en consecuencia, las conclusiones de L. Or y S: Ray, expuestas hasta aquí, serían correctas. Lamentablemente -y por lo menos en el artículo que nos encontramos analizando- ninguno de ellos nos aclara con exactitud a que llaman o que significa en su entender un "pensamiento positivo" ni otro "negativo", lo que nos obliga a hacer nuestra propia clasificación de uno y de otro, tal como la dejamos aquí explicada.

"EL PENSAMIENTO ES CREATIVO". Esto es absolutamente verdadero, porque todo lo que hay en nuestra civilización ha sido creado primero por el pensamiento. "En el principio era la Palabra y la Palabra estaba con Dios y la Palabra era Dios". No existe nada sin la Palabra. La Palabra es el símbolo del pensamiento. De allí que en el principio era el

Pensamiento. El principio fue creado por el pensamiento. Tienes que pensar el concepto de un principio antes de tener un principio.[40]

La primera oración la consideramos absolutamente cierta; es indudable para nosotros que todo lo que existe sobre la Tierra, con excepción de la Tierra misma y sus productos naturales, es obra del pensamiento del hombre. La segunda oración del párrafo transcripto se trata de un enfoque claramente místico que no tenemos ningún inconveniente en compartir, aun cuando se contradice con lo que los autores dijeron antes, respecto de que no había pensamiento sin pensador, lo cual también es cierto, de modo tal que siguiendo un mínimo de coherencia aquí tendrían que haber dicho que "en el principio era Dios" (el Pensador Supremo). Pero, de cualquier manera, esta es una cuestión menor o quizás, simplemente, terminológica, la idea de lo que ambos quieren expresar esta, más o menos, clara. Otros autores se refieren a esto mismo bajo el nombre de mentalismo (por ejemplo, Conny Méndez y sus seguidores, o el texto místico llamado *El Kybalión* atribuido a Hermes Trismegisto). La oración final crea una suerte de confusión entre "principio" y "pensamiento", por la falta de precisión de la palabra *principio*. Con todo, se advierte con claridad que, los que los autores persiguen recalcar es que todo principió con un Pensamiento, doctrina a la cual nada tenemos que objetar.

El pensamiento produce resultados hasta que es "DESPEN-SADO". De allí que, algo que alguna vez fue pensado, continúa produciendo resultados, aunque ahora no se esté pensando en ello. Los efectos de los pensamientos del pasado continúan, ya sea que hoy los estés pensando o no.[41]

En realidad, tal como viene sucediendo desde el comienzo del artículo, los autores están empleando la palabra "pensamiento" como sinónimo de *idea*, y en tal sentido, debe ser interpretado este párrafo. Por lo que podría deberse a una mala redacción o quizás una mala traducción, lo que nosotros dilucidamos de este párrafo es que, nuestras ideas siempre surten efecto e influyen en nuestra conducta, sin embargo, nosotros creemos que

---

[40] Ídem, nota anterior.

[41] Ídem, nota anterior.

ese papel lo cumplen nuestras ideas inconscientes o subconscientes, y efectivamente continúan produciendo efectos hasta que son reemplazadas por otras.

> *¿Cómo puedes manejar esos pensamientos inconscientes, que están produciendo efectos que no quieres? Puedes usar la técnica de las AFIRMACIONES POSITIVAS para traer esos pensamientos inconscientes a la conciencia, en donde se pueden transformar. La mente es la suma total de los pensamientos.*[42]

Se trata de otro párrafo confuso del cual daremos nuestra propia interpretación, quizás como posible incluso de los autores en comentario. Estamos de acuerdo que solamente ideas inconscientes pueden producir efectos no queridos en las personas, y también estamos de acuerdo que, para cambiar esas ideas negativas, sólo es posible hacerlo desde la consciencia, para lo cual, también reputamos correcto que, deban ser traídas de la inconsciencia a la conciencia. Sin embargo, las afirmaciones positivas no creemos que cumplan esa función, sino otra, a saber: reemplazar la idea negativa incónsciente por otra idea positiva consciente, lo que, no obstante, para que ello sea posible deben darse dos pasos en forma rigurosa: 1° pensar positivamente, 2° creer en lo anterior (en el contenido de 1). Lo que determinará el éxito de incorporar al inconsciente la idea positiva que reemplazará la negativa, reside precisamente en el segundo paso, medido de dos maneras posibles: en cantidad y calidad, es decir, el éxito de esta operación residirá en la constancia o en la fuerza de la nueva creencia o de la creencia con la que se quiera reemplazar la anterior idea o ideas negativas.

> *La combinación de tus propios pensamientos es lo que te hace diferente a los demás. Llegar a conocer a alguien es conocer los pensamientos que tiene habitualmente. Los científicos nos dicen que tenemos unos 50.000 pensamientos al día, lo que nos hace a cada uno, individuos altamente complejos. Puedes entretenerte toda la vida con sólo estudiar tus propios pensamientos. Estudiando tus pensamientos sabrás como controlarlos y cómo estos crean tu realidad. Entonces podrás ir resolviendo sistemáticamente tus*

---

[42] Ídem, nota anterior.

conflictos y problemas. El Pensamiento puede crear absolutamente todo lo que desees.[43]

En cuanto a la complejidad de la mente humana no tenemos duda de ello, aun cuando no tengamos forma de saber quiénes son los científicos que afirmaron tal cosa, ni de cuantos individuos estudiaron, ni de dónde, ni en dónde, ni menos todavía por cuál método lo hicieron. En cuanto a la tarea de estudiar nuestros propios pensamientos, creemos que ello si es posible, pese a que no conocemos personas que hayan encarado esta tarea, lo cual –desde luego- no quiere decir que no existan. Finalmente, también compartimos la afirmación conclusiva, en cuanto al poder creativo del pensamiento, con el agregado que, no sólo le es posible materializar todo lo que uno desea, sino también lo que no se desea porque, en definitiva, no es la idea en sí misma la que genera un determinado efecto, sino nuestra convicción en la materialización del efecto pensado. Algunos autores llaman a esto último la fe.

Piensa en lo que deseas y si aparece algo que no quieres, cámbialo. El principio de la "Gran Afirmación" es que Dios o la Vida siempre dicen que "Sí". Si dices: "Estoy pobre", dirá: "así sea", si dices: "Estoy enfermo", tendrás la misma respuesta. Dado que Dios y la Vida están en ti, siempre podrás conseguir lo que quieras. Es importante dejarle saber a tu mente lo que deseas.[4445]

Normalmente, las personas afirmamos cosas positivas y negativas, intercalada y repetidamente, incluso varias veces al día, tanto de nosotros como de otros.

LA VERDAD PSICOLÓGICA

1)   Si tus pensamientos han ido creando tu vida, cuáles son los pensamientos ¿que crearon tus conflictos? Para descubrir esto se utiliza el "PRINCIPIO DEL ANÁLISIS"

2)   Si tus pensamientos crearon tu universo, ¿cómo se cambian los pensamientos cuando quieres mejorar tu VIDA? La respuesta está en el "PRINCIPIO DE LA REPROGRAMACIÓN"

---

[43] Ídem, nota anterior.

[44] Ídem, nota anterior.

[45] Ídem, nota anterior.

3)   Si tu pensamiento crea tu universo, entonces, ¿qué clase de pensamientos deberías tener? La respuesta está en el "PRINCIPIO DE LAS METAS".

Has creado tu universo con el pensamiento. Has tenido millones de pensamientos y cada uno de ellos continúa produciendo resultados hasta ser DESPENSADOS.

Los pensamientos se alinean y organizan por sí mismos, en un bloque de conocimiento, que se llama ACTITUD o estructura de pensamiento. Estas estructuras de pensamiento se mantienen unidas por un sistema llamado LÓGICA EMOCIONAL.

Todos los pensamientos que has tenido, están compitiendo por ganar la atención en tu conciencia. Cuando una de las estructuras negativas ocupa la conciencia percibes el universo a través de esa estructura negativa de pensamiento. Inmediatamente, empiezas a ver las cosas negativamente, y se empiezan a suceder estructuras negativas.

Empiezas a ver las cosas tan negras y tan malas, que finalmente dices:

"No importa lo que me pase, no puede ser peor que esto" y ¡ese es un pensamiento positivo! Esta estructura positiva penetra en la conciencia y empieza a ver las cosas de otro color.

Ahora se empiezan a suceder estructuras positivas en tu conciencia y las cosas se ponen favorables. Muy pronto, la conciencia entera es dominada por esas estructuras positivas, y entonces dices "Las cosas van tan bien, que no podrían ir mejor. Es demasiado bueno para que dure" y ese es un pensamiento negativo, y te hundes nuevamente en la negatividad. Nosotros llamamos a esto CAMBIOS DE HUMOR. Puedes mantenerte en una elevación permanente desarmando cualquier estructura negativa en cuanto entra en la conciencia.

Muchas personas tienen ciertas estructuras que se relacionan y se convierten en superestructuras, que llamamos LEYES PERSONALES O FACTORES DOMINANTES DE LA CONCIENCIA. Si puedes aislar y descubrir esas leyes personales, entonces tendrás la solución en tus manos.

EL PRINCIPIO DE LA AUTO-SUGESTIÓN

El principio de la autosugestión está basado en la idea de que tú puedes mejorar o controlar la calidad de tus pensamientos y hacerte responsable de ellos. Consiste en disolver las leyes negativas que has incorporado a lo largo de tu vida en el inconsciente. El Pensador tiene cualidades fundamentales que son las de la vida misma: armonía, sabiduría, poder, amor, eternidad e infinitud. Estas son cualidades sustantivas y por ende, omnipotentes. Cuando tienes resistencias o pensamientos negativos sobre las cualidades esenciales de la vida como armonía, sabiduría, poder y amor, estás resistiéndote a una fuerza muy potente, y esto te traerá un dolor muy intenso. El dolor es el esfuerzo necesario para mantener un pensamiento negativo. Todo individuo que disfruta de la vida, que quiere vivir y ser feliz, tiene que purificar su mente de la negación de las cualidades sustantivas de la vida. Es imposible tener paz y dicha permanentes, sin borrar de la mente las instrucciones negativas que se han programado. Una de las cualidades sustantivas es el poder. Desde el momento en que estás vivo, tú tienes ese poder. Si dices "yo soy débil" te estás resistiendo a la verdad y eso te causará dolor. Cuanto más dolor experimentes más débil te sentirás, y si continúas identificándote con la debilidad, finalmente ésta te llevará a la no existencia. El poder seguirá pero tú no, porque lo habrás usado para autodestrucción. Otro ejemplo: el miedo es sólo una forma leve del dolor. El peor de los miedos es el miedo de "que el dolor se vaya". Mientras tengas esa idea, el esfuerzo requerido en mantenerla te causará más dolor, y entonces, verdaderamente estarás convencido que jamás se irá.

El principio de la autosugestión utiliza varias técnicas para despensar y reprogramar los pensamientos negativos y estas son:

1)   La reflexión (analizar cada pensamiento)

2)   Verbalización (una catarsis, cuanto más precisamente verbalices tus pensamientos negativos, más fácilmente desaparecerán)

3)   Lectura (literatura selecta y positiva)

4)   Escribir afirmaciones positivas (muy eficaz porque involucra todos los sentidos)

5)   Audición (tomar buenas ideas de seminarios y casetes).

Ve por la vida coleccionando buenas ideas y pensando en ellas tanto como puedas. Entonces, cuando escribas, escribirás pen-

samientos positivos y cuando hables expresarás pensamientos positivos. De hecho cuando tú hablas lo haces con afirmaciones positivas o negativas. Las afirmaciones son ejemplos de buenos pensamientos. Puedes juntarlos y trabajar con ellos, repitiéndolos para obtener resultados positivos.
e-mail:info@yogakai.com

La mente como creadora del universo.

Quise transcribir el artículo de Leonard Or y Sondra Ray que me parece sumamente acertado en muchos aspectos, con algunas reservas que quiero comentar a continuación ampliando las ya expuestas a cada párrafo en particular.

Las ideas van modelando nuestra vida. Incluso nuestro entorno físico. A ello se refiere el principio del mentalismo. Parece ser que esta idea es muy antigua.

El pensamiento crea nuestro mundo. Forma nuestras imágenes, hace que las cosas sean conforme las imaginamos o ideamos; nos hace ver el mundo acorde al cristal con el que observamos; pero el mundo no es conforme como lo vemos, ya que muchos ven cosas diferentes cuando ven lo mismo que estamos observando nosotros; entonces ¿cómo es en realidad el mundo? No lo sabemos, simplemente lo intuimos. En realidad, venimos especulando, como humanidad, desde hace siglos acerca de qué es en realidad el mundo, qué somos, de dónde venimos, hacia dónde vamos y por qué. El mundo podría ser el resultado de todas esas visiones dispersas y contradictorias entre sí muchas y otras coincidentes, o podría ser todo lo contrario a esto.

Ahora bien, nuestro mundo personal es conforme lo hemos pensado a lo largo de nuestra vida. Esto no excluye lo que otros hayan pensado del mundo, ya que la gran mayoría de las ideas que tenemos no son propias sino adoptadas. Nuestro diseño personal del mundo incluye visiones y diseños ajenos que hemos aceptado, sea crítica o acríticamente, y que -en la mayoría de los casos- adaptamos conforme nuestra conveniencia.

Ello nos da una imagen parcial del mundo que nuestra soberbia tiende a universalizar. La mayoría de las personas tiene este pensamiento: "El mundo es como yo pienso que es". Así lo escuchamos en las conversaciones y lo leemos en libros y artículos. No critico creer que "El mundo es como yo lo pienso" sólo postulo agregar a esa frase esta otra: "o puede ser completamente diferente a lo que yo pienso". Es decir, completar la frase dándonos la oportunidad de estar equivocados.

La mayoría de nosotros conocemos poco el mundo que nos rodea, tanto externo como interno. Conocemos poco de nosotros, pero pretendemos conocer todo de los demás. Aun nos arrogamos conocimientos en disciplinas de las cuales apenas hemos oído alguna que otra cosa.

El pensamiento crea, pero no estamos solos en el mundo, es decir, no somos los únicos que pensamos; existen millones de pensamientos diferentes; ¿cómo crean esos pensamientos el mundo? de la manera en que los hemos aceptado; el mundo siempre será resultado de lo que pensamos, así sean las ideas pensadas ideas ajenas -aceptadas por nosotros- o ideas propias, elaboradas por nosotros. A esto llamo yo aquí nuestro mundo personal, o mundo subjetivo. Pero nada de esto garantiza que lo que pensamos sea verdadero o cierto. Puede ser por completo falso. Sucede que, como decimos, el mundo que vemos no es enteramente resultado de nuestro pensamiento sino de una conjunción de pensamientos, pasados y presentes, y a su vez, de millones de personas pasadas y presentes y -para colmo- ubicadas y repartidas por el mundo entero. Por esta razón, muchas veces encontramos cosas del mundo que no coinciden con nuestra concepción o -mejor dicho- preconcepción que de él nos hemos formado. Es allí donde se produce un choque, a veces llamado por algunos como choque cultural.

El único que realmente sabe cómo es el mundo es Dios (aunque esta afirmación no sea compartida por ateos y agnósticos). Los creyentes tenemos pistas importantes en la Biblia, especialmente en el Nuevo Testamento. Y este último texto, en mi particular opinión, nos ayuda mucho a comprender un poco más nuestro mundo, aunque no nos revele totalmente como este fue, es ni será. La Biblia es una guía importante para interpretar el mundo. Incluso hasta útil para no creyentes en ella. Nuestro Señor Jesucristo dijo ser El mismo la Verdad. Es importante meditar en ello.

Capítulo 5 La realidad definida dinámicamente.

Analicemos la siguiente definición:

"Realidad: Lo que denota el carácter de lo que es real, por oposición a lo que es aparente; lo real es lo que es. Qué es la realidad como expresión, pues, de lo real es algo que varía con la posición filosófica. Para un empirista significará todo lo que pueda ser objeto de experiencia, agregando un positivista que será el conjunto de fenómenos entre los cuales puedan establecerse relaciones de coexistencia y de conexión; para un idealista consistirá en lo que las ideas reflejan en el sujeto, sin que las cosas tengan existencia por sí mismas; Un realista ingenuo aceptará como único mundo de la realidad aquel que sus sentidos le presenten como la apariencia inmediata; para Platón es el mundo de las ideas; según Kant es una categoría de la cualidad".

Los intelectuales modernos suelen convenir o hablar de la realidad como de algo estático que pudiera ser definido objetivamente y de manera inmutable.

Por nuestra parte concebimos la realidad de manera dinámica y mutable. Nuestro concepto relativiza la noción comúnmente aceptada del vocablo "fantasía". Trataremos a continuación de desarrollar un poco más esta idea.

Ilustraremos nuestra conjetura con algunos ejemplos. El mamut y el tiranosaurio no forman parte de nuestra realidad de hoy en día. Pero —según se sostiene- fueron reales en época pretérita. Mares, ríos y montañas y demás accidentes geográficos no eran reales en la época que precedió a la formación de la Tierra, pero fueron reales después, y son reales hoy, pero podrían dejar de ser reales mañana.

En los ejemplos que dimos, hablamos de elementos que no son o no fueron objetivamente reales en un momento dado, pero si fueron objetivamente reales en otro momento dado. Esto nos lleva a concluir que la realidad está en función del momento. Y a su vez el "momento" está en función del sujeto.

Suele hacerse depender la realidad del elemento tiempo, elemento este último al que hemos sometido a una dura crítica en otro lugar. Podemos extender el ámbito de la realidad en sentido extensivo hacia cosas que no conocemos que no percibimos por medio de los sentidos, por caso ideas ajenas u objetos materiales situados a tales distancias de nosotros que no llegan a ser percibidos por nuestros sentidos corrientes. Los productos de la imaginación son considerados reales según aquí sostenemos, pero no es ese el sentido general ni popular que se le asigna.

Normalmente el vulgo relaciona lo real con cosas u objetos tangibles, concretos, es decir con lo material, lo que nos lleva a decir que la idea prevaleciente de lo real y de la realidad en la mayoría de las personas se relaciona con el materialismo o con las cosas u objetos del mundo material. Todo lo que escape a esto suele ser denominado por el vulgo como irreal, falso o fantasioso.

Si hablo del tiranosaurio o de los pitecántropos erectus, podría afirmar que no son reales objetivamente (es decir en el mundo material) pero sí que fueron reales objetivamente en el pasado (es decir se manifestaron materialmente) y aun puedo afirmar que son reales en mi mente, porque puedo imaginarlos perfectamente, hasta puedo figurarlos moviéndose, desplazándose o alimentándose. Inclusive puedo representarlos gráficamente, en películas, pinturas o dibujos. Todo lo cual refuerza mi idea de la realidad como algo esencialmente contingente, dinámico y mutable. Lo real de ayer puede ser irreal hoy, lo irreal de hoy pudo ser real ayer o podría ser real mañana.

Pero pude suceder que tales seres u objetos que no he conocido por mi experiencia directa, no hayan existido materialmente jamás. Nunca he visto un tiranosaurio, del mismo modo que tampoco he visto jamás a personas o cosas que existen en mi tiempo y espacio. Siempre será una opción personal reputar a tales entidades -no observadas ni percibidas- como reales o irreales. Lo que es lo mismo a decir que, la determinación de su realidad -o irrealidad- será siempre enteramente subjetiva, lo que no sería el caso de la existencia de alguien a quien tengo ahora (o en un determinado momento) hablando conmigo, ni tampoco será el caso de la silla donde en este momento me encuentro sentado. Estas entidades, siempre serán reales, tanto desde un punto de vista subjetivo como objetivo, o -como decimos aquí-, serán objetivamente reales desde mi punto de vista subjetivo.

En la época en que Julio Verne escribió sus novelas describiendo viajes a la Luna o al fondo del mar en aparatos que en su época eran inexistentes (tales como el submarino o las naves espaciales) sus relatos fueron tomados como irreales y entraron en la categoría de la ciencia-ficción. Años más tarde, sus "fantasías" se tornaron repentinamente para las masas en realidad, materializándose en el mundo objetivo los viajes del hombre al espacio interestelar y a las profundidades del mar y de la Tierra, algo, completamente impensadas en su época. En su tiempo, Verne era considerado un fantasioso y las gentes se reían de él. Hoy es un ilustre visionario. Lo mismo podría decirse de muchos otros que sufrieron escarnio y burla en su tiempo por hacer públicas sus fantasías.

Sin ir tan lejos en el pasado, hace apenas relativamente pocos años, los ordenadores (o computadores) y los teléfonos celulares móviles, eran fantasías que de ser propuestas por alguien ayer, hubiera recibido el mismo tratamiento que en su hora recibió Julio Verne, es decir burlas, ironías y sonrisitas sarcásticas. Sin embargo, hoy en día tales artefactos son realidades que cada vez se generalizan más.

Ahora bien, un teléfono celular es una realidad para un moderno hombre con un cierto grado de desarrollo económico, pero el adminículo puede ser una completa fantasía para una persona cuyo nivel de ingresos apenas le permite subsistir, lo que confirma —siempre a nuestro juicio- el carácter relativo de los conceptos "realidad-fantasía". Tu fantasía puede ser mi realidad.

Mi fantasía puede ser tu realidad. Nuevamente el subjetivismo se impone también en este punto.

Los autores materialistas –que han ganado terreno en el mundo de las ideas- enfrentan a este concepto el de una realidad estática e inmutable. Curiosamente esta es la idea mayoritariamente generalizada y aceptada por la gente común. Este enfoque cerrado conlleva -a nuestro juicio- una alta carga de soberbia, idéntica a la de los inquisidores de la Edad Media. Cada época ha pretendido tener el monopolio de la verdad y de la realidad, arrogándose el derecho de definir de una vez y para siempre esa realidad. Pero a nuestro juicio, la realidad es mutable, dinámica y contingente.

La realidad es variable y mutable -y, además- es subjetiva en gran medida, lo que no descarta una realidad objetiva. Es evidente que, si cruzo por el medio una avenida atestada de tráfico sin ningún tipo de precaución, es muy probable que sea atropellado por algún vehículo, siendo irrelevante –a estos efectos- que niegue la existencia material de los vehículos que atraviesan el asfalto. Los vehículos son reales objetivamente y la probabilidad de un accidente, por imprudencia o negligencia, también lo es. Pero esta realidad para mí, no es la misma que la de aquel que jamás en toda su vida vio pasar un vehículo motorizado (quizás por ser miembro de una tribu en el medio de la selva africana) Hablarle a este aborigen de automotores que se desplazan en cuatro ruedas con motores por sobre el asfalto, seguramente producirá en el sujeto la misma impresión que causaban los relatos de Julio Verne en la época de publicación de sus libros. No saldría de su sorpresa y muy probablemente no nos creería.

Si a pesar de todo, el sujeto en cuestión nos cree (sin haber visto jamás un vehículo de semejantes características) el objeto pasaría a formar parte de la realidad ideal del sujeto más no de la realidad material, toda vez que jamás en su vida vio un vehículo semejante. Por ejemplo, puedo describir mental y aun verbalmente y gráficamente una nave espacial, pero no dejará de ser una realidad ideal para mí, puesto que jamás estuve dentro de una ni en presencia de una. El día que viaje personalmente o vea y/o toque una nave espacial, pasará a ser tal artefacto una realidad material dejando de ser una realidad ideal.

Fantasía, apenas hace unos siglos atrás, eran nuestras modernas ciudades. Urbes tales como New York, Berlín, Moscú, Madrid, París, Londres, Buenos Aires, Río de Janeiro, etc. eran impensadas en la época de la conquista y aun mucho después. Los lugares donde tales centros están plantados con sus monumentales edificios actuales, eran apenas terruños en los que difícilmente personas de aquella época podrían imaginar construcciones que hoy damos por sentado son realidad.

Lo mismo se puede decir de todos los artefactos modernos del confort que habitualmente ignoramos y que sólo notamos cuando se dañan o estropean, tales como el teléfono, el televisor, la estufa, la cocina, el horno a microondas, el aire acondicionado o el sencillo ventilador, ya sea de techo o de pie.

Nótese que me vengo refiriendo mayoritariamente a objetos sensibles del mundo físico. Las definiciones típicas del concepto de realidad son bastante confusas y contradictorias como veremos seguidamente. Tomemos por ejemplo la siguiente:

"REALIDAD: Cuanto posee ser, es decir, es res (o cosa) Lo que existe de hecho, frente a lo teórico, imaginario o meramente posible."

La definición es claramente materialista. Enrolada en la escuela del realismo ingenuo. Se refiere al mundo sensible. Sin embargo, si yo me imagino la ciudad de New York -por ejemplo- conforme esta definición, esa representación mental mía es "irreal". El absurdo es evidente. Lo mismo cabría decir si me represento imaginariamente a un sujeto histórico (por ejemplo, César o Napoleón). Tendríamos que concluir que todos los personajes históricos son—si hacemos caso de esta definición- pura fantasía. No habría diferencia alguna entre la historia y la mitología en esta postura. Una vez más, es notorio el absurdo de la definición transcripta. Es doblemente absurdo calificar de irreal lo teórico, imaginario o meramente posible. Porque los procesos y actos del pensar son reales, no irreales. No es "falso" que el lector y yo pensemos. Lo hacemos, es real. De manera tal que excluir el pensar (teoría, imaginación, posibilidad) o a los "productos de la mente" como diría Popper, del mundo real es irreal. La definición confunde *realidad* con *realización* al referirse a lo "meramente posible". Lo "meramente posible" es real con independencia de su realización o no. Por ejemplo, si yo diseño mentalmente un puente en un lugar donde no hay puente alguno, mi construcción mental es real y el puente en mi mente también es real porque hasta puedo cerrar los ojos y verlo nítidamente. El puente existe en mi mente, ergo existe en el mundo porque la mente que imagina el puente está en el mundo y la mente es real. La realización o materialización física del puente es cuestión secundaria. El puente puede construirse o no, sin embargo, el albur o evento de la construcción del puente no afecta su realidad como "idea puente". El puente ya existe en el mundo porque la mente que lo piensa existe en el mundo. Y al ser materializable es más real aun, a pesar de que no se lo haya materializado. Una vez materializado el puente, simplemente se hará visible lo que ya existía en mi mente o en la del arquitecto o ingeniero que lo diseñó. Lo mismo cabe decir si luego de un tiempo de construido se decide destruir el puente. Destruido el puente no podrá decirse que el puente es irreal, porque el puente existió y posiblemente siga existiendo en la mente de quienes lo recuerden o de quienes lo hayan atravesado. Su desaparición del mundo físico no lo torna en irreal, es decir en una fantasía. Si destruido el puente yo transito con alguien por el lugar donde el puente estuvo plantado y digo aquí hubo un puente, lo que afirmo no es una fantasía ni una irrealidad. No se trata de un producto de mi imaginación.

Aun no se estuviera de acuerdo con esta postura, la definición transcripta, de una u otra forma, prueba el punto que dejamos establecido: Que la realidad no es constante, estática, sino variable. En la óptica de la definición transcripta lo que ya no existe en el mundo físico no es real. En esa línea, el pasado no es real, como tampoco es real el futuro (siempre en el marco de la definición dada). Sólo sería real el presente. El futuro podría ser real o no, en tanto que el pasado —o sus productos- dejó de ser real. En este sentido, este tipo de definiciones confirma nuestro aserto respecto del carácter contingente y aleatorio de la realidad. En este contexto, lo teórico, imaginario o meramente posible no es real en acto, pero podría ser real en potencia. Lo que una vez más hace tambalear la definición de fantasía, ya que muchas de las fantasías de ayer son las realidades del hoy y nada hace suponer que este proceso por el cual las fantasías de ayer se conviertan en realidades de hoy se detenga en el futuro. Es cierto que, en todas las épocas la soberbia del hombre le hizo pensar que su tiempo fue el mejor y que ya se había llegado al límite del progreso. No obstante, los hechos desmienten una y otra vez esta idea arrogante que tuvieron todas las épocas. Nuevos descubrimientos, inventos y artefactos, progresos en las ciencias físicas, biológicas, naturales y sociales demuestran una y otra vez a la raza humana que ideas otrora consideradas descabelladas, utópicas, irrealizables y fantasiosas se convierten en realidad, todo lo cual demuestra el carácter mutable y subjetivo de la realidad.

Capítulo aparte merece la lucha por imponer nuestros criterios de realidad por sobre nuestros semejantes, porque nuestro egocentrismo y ansia de posesión de espíritus ajenos no nos permite aceptar los criterios de realidad de otros si no coinciden con los nuestros, que como ya hemos dicho, tampoco nos son originales[46].

En suma, podríamos decir que la historia y el subjetivismo demuestran la relatividad del concepto de realidad, lo que a su vez relativiza el concepto de fantasía.

Si la verdad es la realidad y viceversa, como se afirma generalmente, en este sentido se aplicarían al concepto de realidad todo lo que hemos dicho con relación a las llamadas "verdades" relativas.

Aun consideramos que la realidad en el sentido de la definición dada necesita de un requisito adicional. La realidad para ser tal, tiene que ser conocida. Volviendo al ejemplo de nuestro salvaje de la tribu, su ignorancia o desconocimiento absoluto sobre trenes, aviones, teléfonos, libros y otros artefactos de la moderna civilización tornan en irreales tales cosas para él. Esas cosas existen en el mundo objetivo para otros, es decir para quienes conocen de ellas y sobre ellas, pero no para nuestro aborigen.

Poniendo otro ejemplo, mi desconocimiento de un autor determinado lo torna inexistente para mí hasta que se produce el descubrimiento de su obra o bien de su biografía. Las llamadas leyes físicas, biológicas o naturales eran irreales en tanto desconocidas y se tornaron en reales en tanto conocidas.

El descubrimiento puede ser instantáneo, con lo cual lo irreal se transforma en real en forma súbita. Pero podría darse el caso que la ignorancia de algo se mantenga a lo largo de toda la

---

[46] Ver aquí lo dicho al respecto

existencia. El tema en cuestión es que no podemos tener certeza sobre la existencia de nada que desconozcamos.

Todo esto en el marco de la definición que el diccionario filosófico que hemos trascripto nos da. Por nuestra parte la realidad abarca un concepto mucho más amplio que -el lector ya sabe- no circunscribimos al mundo material ni sensible.

Ahora bien, podría ocurrir que, sin haber visto jamás estas cosas, explicáramos al aborigen de nuestro ejemplo la existencia de tales elementos. Y podría ocurrir también, que el aborigen nos creyera y creyera en la existencia de artefactos que él jamás vio ni se imaginó. Si el aborigen cree que decimos la verdad, tales cosas pasarán a formar parte de su realidad ideal. La realidad ideal es – en última instancia- un artículo de fe. Creemos en la existencia de algo que jamás ha estado dentro de la órbita de nuestro mundo sensible. Y no necesitamos demostración objetiva alguna para creer en su existencia. Las diferentes doctrinas religiosas –por ejemplo- son, para cada uno de sus adeptos, realidades ideales.

Lo mismo pasa en nuestro caso y con relación a otros tópicos. La mayoría de la gente cree en las lecciones de historia que recibió en la escuela. Pocos dudan de la existencia de los personajes históricos y de los sucesos que la historia narra. Sin embargo, la mayoría de nuestros contemporáneos no estuvo presente en los lugares y momentos en que los sucesos de los relatos históricos afirman haber ocurrido. Creer sin pruebas de nuestro entorno sensible en algo que estuvo fuera de nuestros sentidos, no es otra cosa que un artículo de fe, o, como lo hemos definido, una realidad ideal y como tal, enteramente subjetiva.

Como se ha encargado de mostrar Popper a través de su teoría de los tres mundos, podemos manipular, transformar y aun crear la realidad, con lo cual su carácter mutable se refuerza. La civilización es una prueba palpable de ello, con sus inventos y desarrollos inexistentes años, décadas y siglos atrás.

Curiosamente, y casi contrariamente a lo que podría pensarse, el ámbito de la realidad ideal es mucho mayor que el de la realidad material. En efecto, es mayor el número de cosas en las que creemos sin haber tenido experiencia sensible de ellas que de éstas últimas. Es mayor la cantidad de cosas de la que estamos seguros sin haberlas visto, oído, olido ni tocado, que de las contrarias.

Como cita Nahúm Lanza:

«No tundeéis vuestra creencia en la fuerza de las tradiciones, aún cuando hayan sido honradas por numerosas generaciones y en muchos sitios; no creáis una cosa porque mucha gente cree en ella; no os fiéis de la energía moral de las antiguas leyendas. No creáis nada que dependa de la sola autoridad de vuestros maestros o sacerdotes. Después de haberos informado, creed en lo que habéis experimentado, y que os parezca razonable, lo que sea bueno para vosotros y para los demás» (Buda en el Kamala Sutra)

Esto está muy relacionado con lo que es la fe racional y la fe irracional, "la fe racional está arraigada en la propia experiencia, en la confianza en el propio poder de pensamiento, observación y juicio. Al tiempo que la fe irracional es la aceptación de algo como verdadero sólo porque así lo afirma una autoridad o la mayoría, la fe racional tiene sus raíces en una convicción independiente basada en el propio pensamiento y observación productivos, a pesar de la opinión de la mayoría". (Erich Fromm en el "Arte de Amar").

Tomado de:

http://www.nahumlanza.com/terapias/terapias.htm

Capítulo 6 El devenir y la realidad.

6.1. Heráclito y el devenir

Veamos en primer lugar estas definiciones:

"Devenir: Palabra de difícil explicación en los hechos concretos, y que enuncia la idea de algo que no es actualmente, pero que será. Existe toda una interpretación filosófica del mundo inspirada en este principio. Heráclito ya decía que "nada es, todo deviene", iniciando así la llamada filosofía del de venir. Los autores alemanes han desarrollado con profundidad la noción del devenir, habiéndose hoy extendido su uso al dominio sociológico y aun al lenguaje corriente. Se suele usar esta palabra impropiamente en la conversación general, ya que su significación es puramente abstracta y casi metafísica; la mayoría de las veces que se emplea, por una pretensión de refinamiento en el lenguaje, se ha querido decir destino, futuro o porvenir."

DEVENIR (lat. feri): Cambio o MOVIMIENTO (vid.). Fuente: http://filosofia.net/materiales/rec/glosari2.htm

Devenir. Concepto filosófico introducido por Heráclito, para quien la esencia de la realidad es su devenir constante, su perpetuo cambio: «todo fluye». (Breve diccionario filosófico. Libro de texto para 1° de Bachillerato de José Ramón Ayllón (ed. Edelvives). Fuente:

http://xserra.net/filobac/notas_tecn/00diccionario.htm

HERÁCLITO[47]

"Heráclito afirma que todo cambia y que nada permanece, que «no podemos bañarnos dos veces en el mismo río», que el universo no es sino un continuo devenir en el que todas las cosas están sometidas a un cambio incesante. Pero este devenir no es algo caótico o irracional, sino que está regido por ciertas leyes internas, por el «logos» o razón, que constituye el principio último de explicación del universo.

`El pensamiento de Heráclito es de inspiración milesia, al menos en parte. Como Tales de Mileto y sus sucesores, Heráclito busca un principio originario del universo, que él considera que es el fuego, sustancia sutil y casi incorpórea, que garantiza la unidad primordial del universo.

`El fuego es fuerza y vida, que impulsa un intercambio perpetuo de materia entre los cuerpos celestes y los terrestres, intercambio que explica la formación de todos los seres del mundo. Pero, por otra parte, todas las cosas evolucionan hacia sus contrarios, y la lucha entre contrarios, característica del eterno devenir, es la ley que rige los cambios en la naturaleza. Los contrarios constituyen, en última instancia, una unidad profunda, base de la armonía oculta que preside el universo, pero no de forma estática, sino dinámica, en un equilibrio tenso, siempre rompiéndose y siempre rehaciéndose.

`Al buscar la inteligibilidad del mundo en sus aspectos dinámicos más que en los estáticos, en la contradicción más que en la identidad, en la lucha de contrarios más que en la anulación de la diversidad, Heráclito puso las bases de la dialéctica, que tanto juego habría de dar en el desarrollo posterior de la filosofía".

6.2. Devenir y realidad.

Heráclito parece confirmar nuestra idea de una realidad mutable, que va más allá -en principio- de las esencias. Sus comentadores muestran en él un cierto determinismo dado por una fuerza (el Logos) que impele a las cosas a cambiar. Creemos que hay una fuerza que nos impulsa a mejorar (llamo a esa fuerza,

---

[47]Fuente: http://usuarios.lycos.es/Cantemar/Heraclito.html

Dios). Pero los humanos creamos fuerzas en dirección contraria (o no), mediante nuestro libre albedrio que nos permite adoptar diferentes tipos de conductas entre las cuales sobresalen dos: 1° acompañar las fuerzas positivas del cambio o, 2° resistirlas, oponiéndoles fuerzas negativas. Es un fenómeno al que frecuentemente suele referirse como la lucha entre el bien y el mal.

Creo que hay una "Conciencia Energía" que dirige la evolución cósmica impulsándola hacia la perfección. A la vez que, como co-creadores del universo, considero que hemos elaborado fuerzas contrarias. Tenemos el poder de destruir esas fuerzas positivas oponiéndoles fuerzas negativas creadas por nosotros, y viceversa. El pensamiento de Heráclito parece confirmar nuestra postulación de una tendencia final hacia el equilibrio. El "fuego" de Heráclito bien parece ser esa Conciencia Energía[48] de la que hablo, aunque no se identificaría plenamente con el pensamiento del filósofo griego, al que no seguimos exactamente y sólo citamos a fines comparativos.

6.3. *Los contrarios*

En Heráclito aparece la dualidad de los contrarios. Nosotros sostenemos que los contrarios pueden ser positivos o negativos. En la naturaleza y/o en Dios reside lo positivo y en lo humano reside lo negativo, en tanto y en cuanto el hombre niega su naturaleza divina[49]. Pero de esto, de modo alguno significa que la niegue siempre, a veces sin negarla se duda de ella, sin que eso haga perder nuestra naturaleza divina[50]. En cuanto a los contrarios, no es seguro que estos existan, la observación y la reflexión no nos permiten afirmar algo semejante. Más bien estos dos análisis nos muestran un mundo gradual, oscilante, lo que transforma la noción de "contrario" en algo puramente subjetivo, de la misma manera que lo que puede ser "extremo" para alguien puede ser "moderado" para otro. La diversidad del universo y del mundo en el que nos encontramos nos ofrece un abanico de fenómenos en cuyos juicios podemos coincidir o no hacerlo.

---

[48] Que es Dios.
[49] Su origen, perdido por el pecado.
[50] Aunque lo neguemos fuimos creados por Dios.

La realidad nos muestra la existencia de "contrarios", pero, además, la de complementarios, y la existencia o no de algo "contrario" a otra cosa, dependerá -asimismo- del grado de fluctuación que los llamados "contrarios" tengan en sí mismos. Si aplicamos números ordinales y cardinales a cada cosa que deseemos analizar, descubriremos su variedad y podremos medir, hasta cierto punto, su fluctuación, lo que, a su vez, se relativiza si el análisis es objetivo o subjetivo.

6.4. La realidad

En cuanto a la naturaleza de la realidad somos en este punto fuertemente subjetivistas por las razones que hemos explicado en otras partes de este libro y en tantos otros trabajos nuestros. La realidad aparece como un concepto enmarcado en la experiencia de cada uno, pero que no impide extender ese concepto a personas o situaciones que se encuentran más allá de toda nuestra experiencia. Es así que, muchos incluimos dentro de nuestra "realidad" lo que para otros será pura fantasía, siendo un ejemplo típico el de nuestras creencias, convicciones y nuestros dogmas de fe, cuando los hubiere. Pocas personas aceptan que se cuestionen sus creencias por el simple hecho, la sencilla razón de que para ellas forman parte de "su realidad", y frecuentemente dicen que ella es "su verdad", y ello, a pesar de que otros la considerarán pura y simplemente mitos.

Los mitos individuales cuando son compartidos por un creciente número de personas pasan a ser mitos sociales, pero quienes los comparten no los consideran "mitos" sino puras "realidades", y así por ejemplo, para un ateo la creencia en Dios de un creyente no es otra cosa más que un mito, de la misma manera que los autores materialistas consideran "mitos" todo lo que queda fuera de la materialidad o verificación —tal como creen, por ejemplo, los positivistas- lo que demuestra la tendencia a llamar "realidad" nuestras más profundas convicciones, e incluso, sentimientos u otras emociones.

El componente mítico del devenir -y su divorcio con la realidad- viene dado por la acepción que vincula la palabra devenir con "lo futuro", en el sentido de "lo que cambiará". Por lo tanto, el mito tiene un fuerte componente profético, lo que permite que el mito "se mueva" en dos direcciones, a saber: hacia el pasado y hacia el futuro como devenir. Resulta relativamente sencillo, con los datos históricos en la mano, demostrar cuando determinados sucesos, cosas o personas del pasado, fueron o son un mito. La cuestión se torna un poco mar ardua cuando se trata de hacer lo mismo respecto del mito futuro. Es que la "regla" de "lo que no fue no puede ser jamás" resulta inaplicable por absurda, ya que muchísimas cosas que antes no fueron, sí lo fueron después. Y ya hemos establecido que lo que caracteriza a un mito es su utopía, la imposibilidad absoluta de su realización, lo que permite diferenciar al mito de otras cosas, como los proyectos basados en datos o hechos del pasado o bien del presente. Por ejemplo, si alguien planea realizar una carrera universitaria para recibirse, pongamos por caso, de contable, tal proyecto no es mítico, porque se basa en numerosos datos de la realidad que dan como posible que las personas que estudian una carrera universitaria lleguen a graduarse de lo que estudian. El mito sólo aparecerá cuando el proyecto involucrado contenga datos que contradicen por completo la realidad, sea esta histórica, física o química. O cuando proyectos similares hayan demostrado su fracaso en el pasado como producto de la misma contradicción.

Ahora bien, hay cuestiones importantes que poner a salvo para evitar equívocos. Nuestra realidad es lo que sabemos y tenemos al día de la fecha, por lo que diremos que tenemos un mito sólo cuando lo que así llamemos contradiga nuestra realidad actual (compuesta, repitamos, por todo lo que sabemos y poseemos a hoy). Y extenderemos el vocablo mito hacia todo aquello que, profetizado para el futuro, no sea posible ni conforme a todo lo que sabemos y tenemos al día de la fecha. Lo que así denominemos mito dejara de ser tal sólo cuando la ciencia o la evolución biológica creen las condiciones como para que lo que se reputó de mítico deje de serlo, en virtud –precisamente- de tales nuevas condiciones científicas o evolutivas. Pero, una vez más sólo nos será posible corroborar si tal hecho, situación o persona profetizada fue o no un mito luego de que la ciencia o la evolución generen esas nuevas condiciones o las haga posible. De tal suerte los avances científicos no se han cansado de demostrar que muchas de las cosas que en el pasado fueron consideradas míticas, dejaron de serlo cuando la ciencia o la evolución permitió que tuvieran lugar, o al menos, que fuera factible físicamente su existencia.

Pero si yo afirmo la existencia de un hecho, fórmula, o principio que aún no ha sido descubierto ni demostrado por la ciencia o la evolución y, por ende, tampoco puedo demostrarlo por las mismas razones, y que además de ello contradice nuestra realidad actual, allí no cabe ninguna duda que estamos en presencia de un mito y su respectivo mitómano sosteniéndolo. No se trata del caso del inventor o descubridor, porque ellos, ya sea con sus inventos o descubrimientos están, a la vez, demostrando una realidad distinta a la existente hasta ese entonces, con lo cual la palabra "mito" no tiene aquí ninguna cabida, al contrario, son los inventos y descubrimientos -como hemos dicho- los que van destruyendo los mitos hasta entonces existentes.

6.5. Fatalismo

Es recurrente en estas páginas mencionar, una y otra vez, al fatalismo, y más en este capítulo en que la idea de devenir está tan fuertemente ligada a dicho concepto. También la idea del fatalismo forma parte de la realidad de muchas personas o, tal vez, de la mayoría de las personas. Esto recrudece cuando en la educación que normalmente recibimos, se nos enseña que no somos responsables de nuestro destino, o que no lo somos en una medida importante, y consiguientemente, se nos dice que frente a este hecho sólo cabe una actitud: la de la resignación. Pero este espíritu de renuncia, de rendirse de antemano a cosas que ni siquiera hemos experimentado en forma personal, marca uno de los límites más tremendos, que tanto atraso ha significado para los hombres y, en última instancia, para la humanidad.

La renuncia a la lucha, a superar las dificultades, la convicción negativa de que ellas estarán "siempre" presentes, limitan nuestro potencial humano, que es desconocido para cada uno de nosotros y que sólo puede conocerse en parte, en la medida que exploremos posibilidades no ensayadas con anterioridad. En tal sentido, hace tiempo que abrigo la certeza de que creamos nuestras propias dificultades de la misma manera que somos los artífices de nuestros destinos y que, además de todo ello, creamos, -ya sea facilitando o complicándolas- las condiciones necesarias como para que las situaciones se nos presenten adversas o favorables. Todo radica en nuestro potencial mental generador de ondas positivas y negativas, tanto como de su emisión y recepción.

A primera vista, puede resultar azaroso el que nos encontremos con cierto tipo de personas, pero una vez establecido el contacto con alguien, se despliega toda una fuerza y corriente de influencias mutuas que serán más breves o más prolongadas de acuerdo a la impresión que nos produzca el contacto y las emociones que estén en juego en el mismo. Hay una interacción de fuerzas invisibles por las cuales influimos y somos a su vez influidos. El potencial mental de cada uno de los partícipes -y su grado de desarrollo- determinarán las conductas posteriores de los agentes involucrados en la experiencia, donde entran a jugar todos nuestros prejuicios, temores, certezas, dudas, etc. las que condicionan no sólo nuestras relaciones con los demás, sino nuestros actos futuros. A todo ello, lo reconozcamos o no, y a sus consecuencias, es a lo que llamamos "nuestra realidad", y es nuestra soberbia la que intenta ponerla por encima de la realidad de cualquier otra persona, pretendiendo para la nuestra validez universal.

El libre albedrio es aquello que nos permite ser los constructores de nuestro pasado, presente y futuro. La frecuente pregunta filosófica sobre si el libre albedrio existe o no, no vamos a responderla en este libro, sencillamente porque no tenemos la respuesta. Me basta, a los fines personales, constatar que la gente se comporta como si poseyera libre albedrio y que -además- las actuaciones humanas me son imprevisibles, todo lo cual es razón suficiente y bastante como para que acepte la existencia del libre albedrio, y, en lo personal, he podido comprobar que puedo modificar mis ideas, mis estados personales, mis situaciones fácticas, mi entorno, etc. lo que redunda una vez más en la convicción de que -efectivamente- me conduzco como si positivamente yo mismo poseyera libre albedrio, todo lo cual me permite afirmar con bastante seguridad y alto grado de certeza que, si, el libre albedrio evidentemente existe. Ya sé que lo expuesto no se trata de una comprobación estrictamente "científica" sino que es de simple sentido común, pero es que, justamente, el sentido común es importante en tanto y en cuanto forma parte de mi realidad.

A juzgar por mis experiencias una mayoría de personas hemos sido entrenadas para creer que la generalidad de las cosas que nos pasan está "fuera" de nuestro control, pero se trata de un mito que encubre una delegación de responsabilidad, en este caso de la responsabilidad de hacernos cargo de nuestra propia vida.

No sólo esas cosas no están fuera de nuestro control, sino que fueron creadas por nosotros mismos y sólo "escapan" de nuestro control cuando las dejamos escapar efectivamente o cuando estamos firmemente convencidos que "escaparán", pero obsérvese que todas estas situaciones también están generadas por nuestros propios pensamientos.

La explicación del porqué a algunas personas les va mal y a otras les va bien, se encuentra, de tal modo, en sus respectivas creencias, en lo que siempre han creído respecto de su destino, y son esas creencias las que terminan materializando ese destino, con indiferencia de si esas creencias son originales o copiadas a otros.

6.6. *Consciente y subconsciente*

Nuestro subconsciente o también llamado inconsciente, tiene un potencial enorme, desconocido para la mayor parte de nosotros, pero es allí, en esa parte de nuestra mente, o en esa mente aparte, según la posición que se quiera adoptar frente a su existencia y forma de actuar, donde se generan todas las fuerzas que se desatan en nuestra vida, allí albergan nuestros miedos, creencias, pasiones, etc. que, como se ha dicho, constituye una especie de archivo donde todo se guarda y se clasifica y nada de lo que nuestros sentidos han captado, captan y captarán, deja de almacenase en el subconsciente. Se le dice inconsciente porque, precisamente, no tenemos conciencia de lo que nuestro subconsciente contiene, y sólo podemos tenerla cuando parte de los datos que se hallan en el inconsciente pasan a la esfera del consciente. Nuestra realidad está conformada -asimismo- tanto por lo que existe en el subconsciente como por lo que se halla en el consciente pero sólo tenemos plena conciencia (valga la redundancia) de esta última.

Hasta que podemos formar nuestras propias convicciones estamos de ordinario sujetos constantemente a un continuo bombardeo de opiniones, ideas y comentarios que nos llegan entremezclados y en forma más o menos caótica del mundo exterior, todos estos sucesos, situaciones, imágenes, sonidos, etc. se incorporan en forma inmediata a nuestro inconsciente penetrando por nuestros sentidos, pasando de allí a la mente consciente y con destino final, en un último paso, a nuestro inconsciente, y hay fuertes razones para suponer que allí quedarán en forma definitiva. A diferencia de la de nuestro consciente, se puede decir que la memoria de nuestro inconsciente es perfecta, en tanto la de nuestro consciente es breve porque, lógicamente, nuestro consciente es el que recibe las impresiones, pero no es el destinado a guardarlas, esa función le corresponde al subconsciente, siendo aquí donde se almacenan todas nuestras sensaciones, percepciones, ideas, etc. o como quiera llamárseles.

En nuestro consciente permanece en lo que es la parte de su memoria aquellas impresiones que nos han sido más vivaces, o bien son las más recientes, y su persistencia en el área de la memoria consiente dura lo necesario hasta que la sensación, idea o impresión pasa de allí a la memoria inconsciente, lugar de donde puede volver a ser evocada por el consciente en caso necesario, y traída de vuelta a su área de acción. En consecuencia, esto conduce a afirmar que, de las dos mentes humanas, sólo la mente consciente puede olvidar alguna que otra cosa, la mente inconsciente no olvida jamás absolutamente nada. La utilidad y la importancia son factores determinantes que resolverán lo que merece ser "olvidado" por el consciente de lo que no, pero teniendo en cuenta que lo que normalmente llamamos "olvido" no es tal, sino que se trata simplemente de un cambio de área, de un pasaje de algo de la mente consciente a la inconsciente, y nada más que eso.

Capítulo 7 Acerca de algunos mitos comunes.

7.1. Introducción a este capitulo

Vamos a analizar en el presente capitulo sólo algunos de los mitos sociales más comunes. Si bien la mayoría de nuestros mitos sociales provienen de la educación formal, una buena parte de ellos también encuentran su origen en la educación informal. A ellos nos vamos a referir en forma muy breve en el presente capitulo; no podemos analizarlos todos, porque las intenciones de esta obra son muy modestas, de modo tal que vamos a limitarnos a los más comunes.

El mito de perseguir y alcanzar un sólo objetivo.

¿Cuántas veces se nos ha dicho, o hemos escuchado decir o leer, que todo individuo sólo debe fijarse un objetivo en la vida y no hacer ninguna otra cosa hasta obtenerlo o lograrlo? Muchísimas ¿verdad? ¿Cuántas personas han organizado sus vidas de modo tal que lograr este propósito? Numerosísimas. Sin embargo, se ha tratado y se trata de un mito social.

Simplemente, que la naturaleza humana no está organizada de dicha forma, físicamente no podemos hacer de a una cosa por vez, ni podemos perseguir –exclusivamente- un sólo objetivo, menos aún podemos dejar de hacer todo lo demás hasta lograr alcanzar la meta. Forzosamente hemos de hacer en nuestra vida muchas cosas más, incluso tareas complementarias en el supuesto caso de que deseamos llevar al pie de la letra el mito en cuestión.

Veamos algunos ejemplos sencillos (y obvios) de lo que queremos decir cuando afirmamos que es humanamente imposible perseguir un sólo objetivo o una única acción tendente a lograr ese objetivo con prescindencia de todas las demás.

En la naturaleza muchas cosas, fenómenos, hechos, sucesos, etc. ocurren -conforme la experiencia nos enseña-, en forma simultánea: una planta no crece para permitir que crezca la siguiente, ni tampoco provoca el crecimiento de sus hojas o tallos de a uno por vez; no espera a que se forme una de sus hojas para dar lugar recién -cuando la primera hoja está "bien" formada- a que comience a crecer la siguiente. Del mismo modo, un árbol no hace crecer primero una rama, y una vez que "considera" que esta primera rama está lo "suficientemente" crecida, da por terminado su crecimiento y recién en ese momento da comienzo al nacimiento de la segunda rama. Nada de esto sucede en la naturaleza. Todas las hojas, tallos, ramas etc. crecen en forma *simultánea* y no *sucesiva* —claro que a ritmos diferentes- pero ni el árbol ni la planta se propusieron ni plantearán objetivos "únicos", descartando todos los demás hasta que los primeros sean cumplidos.

En el ámbito humano ocurre otro tanto: es fácticamente imposible hacer en forma completa una cosa a la vez con prescindencia de todas las demás como nos pretendían enseñar en nuestras escuelas de pequeños. Imaginemos una persona que tomara como un objetivo a cumplir su aseo personal y no hiciera ninguna otra cosa en su vida que bañarse, lavarse, cepillarse los dientes, etc. frecuentemente, con el objetivo de estar siempre limpia y radiante. Ocuparía todo su tiempo en ello hasta que otras necesidades fisiológicas la obligarán a -por ejemplo- tener que detener su actividad higiénica. En algún momento del día sentirá hambre, ello la impulsará -a su pesar, si se quiere- a dejar de higienizarse para ir en busca de alimento, conseguirlo, tomarlo y luego ingerirlo, con lo cual ya habría abandonado -aunque sea por un instante- su objetivo primordial de estar siempre limpia, perfumada y acicalada.

Si tuviéramos que tomar el pie de la letra esta consigna que nos han enseñado desde pequeños nuestra vida sería casi imposible. Por ejemplo ¿cuántas veces hemos escuchado que alguien debe comenzar una carrera y no detenerse en ella hasta concluirla? Pues bien, si hubiera que tomar al pie de la letra esta consigna, la persona en cuestión sólo debería dedicarse a estudiar y rendir exámenes hasta titularse en lo que esté estudiando, lo cual implicaría en estricto sentido renunciar a todo los demás, como, por ejemplo, eliminar todo tipo de distracciones tales como las reuniones sociales, famulares, deportivas, recreativas, como mirar TV, ir al cine o conversar sobre temas que no se refieran a materia de estudio. Tampoco debería distraerse en otras tareas, como la higiene, el alimento y demás necesidades fisiológicas, y asimismo excluir actividades mentales como ser pensar en cosas diferentes a las que se refieren a sus materias de estudio y su carrera. Alguien podrá decir que exagero, pero no es así, simplemente estoy analizando las consecuencias de cumplir al pie de la letra con la famosa y repetida consigna de hacer "de a una cosa a la vez hasta completarla". Lo que en realidad sucede es que quien da este tipo de "consejos" jamás lo hace pensando en ponerlos él o ella a la práctica, sino quien generalmente repite estas frases hechas muy tradicionales, lo hace dirigiendo la admonición hacia el prójimo, jamás hacia sí mismo. Lo cierto es que nadie, ni él, ni la persona a quien la amonesta diciéndole que sólo "se debe hacer de a una cosa la vez", pueden ni podrán cumplir jamás con semejante despropósito, que se mantiene solamente porque su base no es más que un burdo mito.

Estos pocos ejemplos sencillos -tomados de la vida diaria y de la observación común y corriente- permiten poner al descubierto lo absurdo de algunas o muchas de nuestras creencias sociales, irracionalidad tal que las tornan cien por cien míticas por su imposible cumplimiento, a pesar de lo cual, mucha gente no sólo las repite en la conversación diaria, sino que se esfuerza por llevarlas a cabo y creen firmemente que podrán hacerlo, y en casos graves aun, que realmente lo están logrando.

7.2. El antropomorfismo social

Posiblemente sea el gran mito de nuestros tiempos modernos, por el cual nos hace hablar de la sociedad tal y como si estuviéramos hablando de un ente vivo, corpóreo, material, dotado de voluntad, discernimiento y capaz de actuar en el mundo físico químico. Se correlacionan con este mito, expresiones de uso tan frecuente que ni siquiera nos detenemos a reflexionar en ellas (y en su carácter mítico), así -por ejemplo- es común leer y escuchar frases, tales como "responsabilidad social", "trabajo social", "economía social" y el popularísimo "justicia social".

Lo social, como tantas veces hemos dicho, no es más que una palabra para designar un producto, en este caso, la suma de muchas individualidades. Como producto, su esencia está en lo individual, o, dicho de otro modo, la esencia de "lo social" es lo individual. Por mucho que se ha venido hablando durante milenios de tales tipos de abstracciones, nadie jamás ha podido materializar a la sociedad. Por eso, nunca hemos conseguido dialogar con la sociedad, mirarla a los ojos, discutir con ella, ni darle una palmada en la espalda. Estos ejemplos, que a veces suelen sonar graciosos (por su obviedad), son -sin embargo- bastante útiles para despejarnos del espejismo de *lo social* como algo existente por fuera de nosotros mismos, con vida, sentimientos, voluntad y pensamientos propios. Sin embargo, es harto frecuente encontrar en los textos y en las conversaciones expresiones de tipo antropomórfico, de la clase "la sociedad, *requiere*…la sociedad *necesita*…la sociedad *reclama*…la sociedad *rechaza*…etc." Cuando alguien acostumbra a expresarse de esta manera (y no son pocos los que así lo hacen) uno siempre tiene que andarse con cuidado al tratar con dichas personas, sobre todo si se tratan de políticos, cuyo lenguaje (bien analizado) está plagado de estas fórmulas abstractas y, hasta cierto punto, esotéricas, ya que normalmente el empleo de ese lenguaje tiene por finalidad la manipulación del destinatario del mensaje, habida cuenta que quienes desean dominar a otros suelen estar al corriente de que la mejor forma de hacerlo es apelando a un lenguaje etéreo y abstracto que -por lo general- es más proclive a despertar las emociones de la gente, que otro más concreto y realista.

El antropomorfismo social adquiere muchas otras variantes dignas de mención, tales como *la patria, la nación, el país, la comunidad, la clase social, el estado,* etc. generalmente denominadas entidades mayores, y otras como el club, el equipo, etc. llamadas frecuentemente entidades menores. En estos casos en general, se está aludiendo –en realidad- a lugares geográficos (lo que es claro en el caso de las entidades mayores), pero se lo hace en un sentido tal como si estos tuvieran una existencia aparte en si misma del lugar en que se encuentran. Es notable en el caso de las entidades mayores, proceso que comienza en etapa muy temprana, tanto como desde la escuela primaria misma y que suele recibir el nombre sugestivo de *socialización* del niño.

El recurrir a estas figuras antropomórficas tiene diversas intencionalidades de acuerdo al sentido en que las personas aluden a ellas, pero en todos los casos se busca eludir la realidad, una realidad que -por lo general- resulta desagradable a la persona que echa mano a figuras antropomórficas y de pasada, endosar la responsabilidad de la acción que se atribuye a la figura antropomórfica a otra u otras personas (pero físicas). Por ejemplo, cuando un político afirma que "lucha por la justicia social" o por "una sociedad más justa", en realidad debemos traducir su discurso en el sentido de que él aspira a que los demás sean más justos, de acuerdo a su propio entender acerca de lo que debe ser "justo" y que el medio para alcanzar dicho objetivo es, desde luego, votándolo a él. Si el que emplea la frase del ejemplo es alguien seguidor del partido del candidato o afiliado al mismo, estará transmitiendo el mismo mensaje, sólo que en lugar de pedir el voto para el mensajero lo estará solicitando para otra persona (el candidato en cuestión). Estos sujetos son colectivistas y pueden estar convencidos de que los colectivos a los que aluden efectivamente "existen". *La nación, la sociedad, el país, la clase social, la comunidad, el estado,* etc., son etiquetas que denotan entidades colectivas a las que se les atribuyen características humanas, cuando no se las entienden como lo que realmente son: meras etiquetas verbales. El colectivista puede creer genuinamente que está hablando y pensando acerca de un "ser vivo" cuando habla de "la nación, el país, el gobierno, la comunidad, el estado, etc.". Dado que la mayoría de las personas son colectivistas, es bastante probable que esa mayoría crea verdaderamente en la existencia real "viva" de tales entidades míticas. Nosotros la tachamos redondamente de míticas, porque nos manejamos conforme a las evidencias de nuestros sentidos y no podemos percibir corporizadas ni actuando en nuestro mundo físico tales entidades, ergo, las rotulamos de míticas sin más.

Una de las funciones del mito es la de asumir la responsabilidad individual que debiera corresponder al mitómano. Por ejemplo, el mito de "una sociedad justa" o "más justa", retribuye psicológicamente a quien tal mito sostiene, habida cuenta que si el sujeto en cuestión entiende que "vive en" o que "lucha por" una "sociedad justa" o "más justa", se ve dispensado él mismo en persona de ser más justo con sus semejantes, ya que -en su psicología- la sociedad en la que vive o por la que "lucha y advendrá", hará justicia por él. Ergo, queda (y se siente) liberado personal e individualmente de tal responsabilidad. Llamamos a esto retribución psicológica, ya que ninguna acción concreta en procura de "la justicia" se ha llevado a cabo en forma personal, dado que, como dejamos dicho, el sujeto entiende que "la sociedad más justa" que "ya existe" o "advendrá", emprenderá esas acciones por él mismo (en su lugar) y por todos los demás. Para una mente racional individualista y anticolectivista tal mito surge de manera evidente.

De momento que cada colectivista "razona" de la misma manera que otro colectivista según se describe arriba, resulta claro que ninguno emprenderá acción alguna de modo personal para corregir injusticias, ya que todos ellos esperan confiadamente en que "la sociedad más justa" lo hará en el lugar de cada uno de ellos. Pero como tal razonar es mítico, porque en el mundo real no existe *materia* alguna que bajo el nombre de "sociedad" sea capaz de encarar acción *material* de ninguna clase, el resultado *real* será que ninguna persona física lo hará, y el objetivo pretendido, deseado y declamado por los mitómanos (la justicia social) jamás se concretará por esa vía.

Ahora bien, tarde o temprano la inexistencia de tales entes míticos se torna evidente hasta para el más despistado, entonces encuentra lugar un proceso mental que opera casi en forma inconsciente en la psicología colectivista, y es el de la encarnación del mito. El mito termina -más tarde o más temprano- corporizándose en la figura de un ser humano o grupo de ellos concreto. Hitler pretendía encarnar a la raza aria pura tanto como Lenin, Stalin, Mao y demás líderes comunistas intentaron hacerlo con el proletariado, mientras Mussolini aspiraba a otro tanto respecto del pueblo italiano. Curiosamente, tanto estos personajes como otros que buscaron emularlos, no poseían siquiera las particularidades mínimas que pudieran identificarlos con los ideales que pretendían personificar. No obstante, lo cual, miles de sus seguidores les atribuyeron tales características las que gustosamente asumieron como propias y luego reclamaron como tales. La encarnación de un mito en un ser humano supone a la vez la generación de nuevos múltiples mitos secundarios productos de tal pretensión. Por ejemplo, va de suyo que ningún líder comunista puede encarnar a todos los proletarios del mundo, de su país, de su región, de su ciudad y ni siquiera de su barrio. Como ser humano que es, apenas tiene alguna idea de lo que él es, y tiene ideas aproximadas de los que otras personas son o pueden llegar a ser. Si es física y mentalmente imposible ser otra persona, menos aún se puede ser muchas personas diferentes al mismo tiempo reunidas en una sola. Hitler –por ejemplo- no personificaba ni por asomo al "ser alemán", ni "ario", ni "puro", primeramente, porque tales significaciones no son más que conceptos abstractos (además de ser meros prejuicios) y fundamentalmente porque Hitler no vivía ni en el cuerpo ni en el alma de cada alemán (ni estos en el de aquel), ni podía hacerlo jamás. Lo mismo vale para el resto de los personajes que hemos mencionado y los que no hemos citado, pero los cuales, de idéntico modo, pretenden ser la encarnación de un "ideal", de otras personas o de un lugar geográfico. Sólo se tratan de meros mitos. Y tales sujetos son simples mitómanos, rótulo que se debe aplicar por igual tanto a los líderes como a los liderados.

7.3. *El mito del líder*

Hemos dedicado otras obras a analizar los aspectos políticos y económicos de las cuestiones que estudiamos muy someramente en este libro.[51] Y en particular, la que abordamos ahora bajo este título. En algunas sociedades más que en otras, el culto al líder, al jefe, al "Duce", al "führer", al "César" está más extendido que en otras, y también se ha ido modificando según las zonas y los tiempos. En todos los casos, siempre pensé que se trata de un signo claro de atavismo, de primitivismo que nos remonta a la época de la tribu, con sus típicos dogmas y tabúes. Y por mucho que esto pueda sonar primitivo o cosas de tiempos remotos, no es tan, así como sucede.

K. R. Popper, relata -con maestría- en *La sociedad abierta y sus enemigos*, las raíces de esta actitud, remontándose a Platón, en

---

[51] Véase -sobre todo- mis libros *La democracia* y *La credulidad.* En http://libros-gb.blogspot.com/

quien se detiene en la crítica de su pensamiento político, a juicio del filósofo austriaco, bastante dañoso.

La raíz del mito al líder es, considero, como la de todos los mitos o -al menos- la de la mayoría de nuestros mitos, de origen familiar. En efecto, nuestros primeros ejemplos de líderes son nuestros propios padres, o bien, aquellos mayores quienes nos hubieran criado cuando niños. He ahí la primera idea, aunque rustica todavía, del líder, del jefe, y –aun- de la del amo; de la de quién manda, y quien tiene el poder.

Como tantas veces dijimos en tantas otras partes, se nos educa (en realidad, se nos entrena) en la obediencia. Mucho de lo que -en nuestros primeros años- se nos enseña bajo el rótulo de "respeto" es -en realidad- un disfraz, detrás del cual, se esconde el poder coactivo que se desea ejercer sobre nosotros. En todo caso, habría que hablar -en este supuesto- de un respeto a la autoridad de otros.

En lo que aquí diremos, la palabra *autoridad* esta empleada en el sentido de mando, de poder o de imposición. No nos referimos al sentido etimológico del término *autoridad,* como cuando se alude a la autoridad de un determinado escritor; de allí que no usaremos expresiones tales como la de, por ejemplo, *autoridad intelectual,* ya que no reflejan adecuadamente lo que con ello se quiere representar en estas líneas. A lo que describiremos aquí es a la autoridad *autoritaria* (valga la aparente redundancia), es decir, la autoridad derivada del autoritarismo entendido este como degeneración de la autoridad [52]

La autoridad –en el sentido en que utilizaremos el vocablo en lo que sigue- importa una relación de sumisión, con un sujeto dominante y otro dominado, o bien, con una pluralidad de ambos, lo que no viene al caso, por no hacer -en rigor- ninguna diferencia para lo que deseamos expresar ahora. El punto en cuestión es que, la autoridad impuesta, como sostenemos, sólo admite dos conductas posibles: o se la obedece o se la desobedece. Pero nunca jamás se la "respeta" espontáneamente. Por considerarme un hombre libre, (y que desea seguir siéndolo) me resisto a obedecer cualquier clase de autoridad, en todo caso, sólo me obligo a obedecer la mía

---

[52] http://www.libertadyprogresonline.org/2012/01/09/la-caja-las-normas-y-la-autoridad-2/

propia; en otras palabras, me reconozco el poder de obligarme a obedecer las reglas y principios que me he impuesto a mí mismo y rigen mi vida propia. En otro plano, más metafísico si se quiere, -y como cristiano- solo reconoceré autoridad por sobre mí a Dios y a su hijo Nuestro Señor Jesucristo. Pero en el ámbito humano, no hay autoridad alguna a la que debamos someternos, ni siquiera voluntariamente, ya que ningún hombre tiene el derecho a gobernar a otro y otros semejantes. Sólo en este sentido acepto el empleo de la palabra "autoridad". Puedo admirar las cualidades de otras personas, puedo necesitar su ayuda, pero ello no implica que deba al mismo tiempo someterme incondicionalmente a ellas, ni idolatrarlas.

Ahora bien, para el grueso de las personas la autoridad es lo que aquí reflejamos: una relación de mando y obediencia, a la que –normalmente- se "la ve" como "natural". Esta sensación de naturalidad es –verdaderamente- atávica, primitiva y tribal, y se retrotrae a la época de las cavernas y también –porque no decirlo- a tiempos bastante posteriores, hasta llegar a nuestros días. Aun hoy, el mundo -en general- se observa, se analiza y se piensa, en dichos términos, los de dominantes y los de dominados. La idea de cooperación social, tal como -por ejemplo- describe Ludwig von Mises al mercado, resulta -con todo- una imagen muy minoritaria, de corto alcance y de muy poca aceptación, pese a la enorme verdad que ella encierra.

El mito creado al respecto, relaciona todo lo que aquí venimos diciendo con la política, pero insistimos que excede –y en mucho- al estrecho ámbito político. Puede ser cierto que sea en los fenómenos y en la vida política donde más a menudo se plasme el mito del líder, realmente convenimos en este punto, pero la génesis de este síndrome no se origina ni se limita al estrecho mundo de la política, y decimos *estrecho* por muy amplio que este parezca a muchos.

De hecho, el culto al líder se fomenta en los primeros años y se sigue promoviendo a lo largo de toda nuestra existencia, variando, desde luego, de lugar en lugar, de época en época y de situación en situación. Se exaltan los adalides a seguir ya en la escuela, con la enseñanza de la historia y de los principales próceres de cada país, a la vez que, tanto en el colegio como en nuestras propias casas se nos da una visión sesgada (frecuentemente) y se personalizan tales modelos. Pocos son los hogares donde se educa a los niños en el cultivo de su propia personalidad e individualidad. La tendencia -por el contrario- fue y es la de *socializar* al infante, con la repetida excusa de "integrarlo a la sociedad". Se intenta que busquemos identificar situaciones y conductas heroicas atribuyéndolas o no a las personas que nos rodean y que forman nuestro círculo más íntimo. Y de allí pasamos a creer en otros líderes míticos, a veces adoptando lo que la propia prensa nos trata de imponer, donde los medios masivos de comunicación alimentan de continuo la exaltación de personajes o anti-personajes (sobre todo en los programas televisivos) que tiene como fin orientarnos a seguir el comportamiento, la carrera y la trayectoria de otras personas que otros –a su vez- nos presentan como virtuosas.

En todos los casos se nos exhibe a "alguien" a quien seguir, adorar u obedecer, o todas estas cosas al mismo tiempo. Y no hay base racional alguna para inclinarse ante otras personas, que -en esencia- son tan humanas como nosotros. Para un creyente como nosotros, sólo tiene base racional inclinarse ante Dios, que lejos de ser un mito, es la más absoluta de todas las realidades, o quizás, mejor dicho, Él es la Realidad en si misma considerada. Porque ningún hombre tiene la totalidad de sus atributos, ya que ninguna persona es omnisciente, omnipotente ni todopoderosa, ¿por qué razón entonces deberíamos adorar a otras personas que no poseen ninguna de dichas cualidades, aun cuando ellas manifiesten creer que si las tienen? Por el contrario, solemos inclinarnos ante personas cuyas debilidades y defectos son evidentes, pero que intentamos disimular en vano. Por eso decimos que no hay base racional alguna para idolatrar a otros seres humanos atribuyéndoles "poderes" sobrehumanos o cualidades divinas que no tienen. Y si –en cambio- hay base racional (y mucha o toda) para idolatrar a Dios y a todo lo que Dios representa. En última instancia, quien se diga "ateo" haría mucho mejor en seguirse a sí mismo que en rendir culto a otro ser humano como él o ella. La idolatría a un líder humano externo a nosotros –tan vigente hoy como ayer- es puro materialismo, y el materialismo sólo es una parte de la realidad, más no es -en modo alguno- la realidad en sí misma. Y como dejamos dicho, quien, no obstante, porfíe en creer que el universo "es" pura materia, se honraría más en idolatrarse a sí mismo que en convertir en objeto de adoración a otro ser humano ajeno. El ateo que reniega de Dios a la vez que rinde pleitesía o profesa adulación a otras personas diferentes a sí mismo, asume en los hechos una actitud idéntica a la de los antiguos paganos, para quienes su "dios" o sus "dioses" no eran más que sus césares humanos o sus estatuas de madera, piedra o mármol.

Nada de lo dicho quita ni implica negar que existan personas que son admirables o poseen excelentes virtudes, ya sean físicas o intelectuales. No tiene nada de malo admirar y elogiar tales cualidades excepcionales. Lo que criticamos es que, en razón de una pretensa "admiración", pasemos seguidamente a someternos a esas personas a su voluntad, o nos dediquemos a calcar radiográficamente sus vidas, ya que implicaría negar nuestra propia individualidad, esforzándonos en intentar de ser "el otro", cosa que es material, psicológica y espiritualmente imposible desde todo punto de vista. Se trata de la diferencia entre *admiración* y *sumisión*, y en tanto y en cuanto la admiración nos parece sana, la sumisión nos resulta enfermiza. Claro que muchas veces, ambas van de la mano, pero ello no significa que necesariamente siempre deba ser así, porque empíricamente no lo es, ya que pueden existir una y otra, juntas o por separado. Y recalcamos que, en tanto una admiración sin sumisión es positiva, la conjunción de ambas es -a no dudarlo- negativa. Esto tampoco significa desconocer que existan personas que logren el *sumun* de la felicidad sometiéndose a otros/as a quienes admiran. No son extraños los casos de esclavos que admiran a sus amos[53]. Nuestra intención no es forzar a nadie a nada y -menos aun- a despojar de su "felicidad" a un esclavo que ama a su amo o amos. Solamente señalamos que, a nuestro juicio, un esclavo de esta naturaleza reafirma su esclavitud y se aferra a ella, con lo que tenderá a permanecer en tal condición autolimitándose. Como liberales debemos respetar tales tipos de actitudes, pero no alentamos las mismas, porque conspiran contra el liberalismo que defendemos, es decir, atentan contra la naturaleza humana que es esencialmente libre.

---

[53] La historia rebosa de tales casos.

7.4. *Etarismo*

Etarismo: la palabra *etarismo* no existe en el diccionario de la Real Academia Española. La acuñamos nosotros derivándola de la raíz "etario" para definir una ideología semejante al racismo, que adjudica específicas características de conducta a las personas, basadas sólo en su edad. La evidencia científica implica que, si bien el potencial genético, para diversos tipos de conducta, puede no estar distribuido igual en diferentes edades, la gama total de la conducta humana posible, existe en cada edad. La mejor forma de evitar el racismo y etarismo es aceptar a cada uno, sobre la base de las diferencias individuales, evitando el juicio *a priori*. El etarismo no es ético.

Discriminación generacional.

Antes de entrar en tema será conveniente realizar algunas aclaraciones acerca del término *discriminar* que emplearemos en lo que sigue, y ello con el único objeto de evitar equívocos. Discriminar implica -en última instancia- elegir, preferir, optar entre una cosa u otra o entre varias de ellas. Es algo que hacemos, sin excepción, todos los seres humanos, pese al sentido peyorativo que una pseudo-cultura "progre" le han querido dar y pretende seguir dándole. La discriminación no es en sí misma ni buena ni mala, es simplemente, una realidad humana omnipresente como cualquier otra. Pero una cosa es discriminar en libertad y otra muy diferente es discriminar bajo coacción, porque en este último caso, el único que discrimina es el que coacciona y no el coaccionado, lo que torna la discriminación en arbitraria y opresiva. La discriminación de la que aquí hablaremos se referirá exclusivamente a este último caso, cuando el que discrimina es el mismo que oprime al discriminado. Es sumamente importante que el lector retenga *in mente* la presente aclaración a fin de darle el sentido correcto a todo cuando aquí expresaremos en adelante.

Como se explicó, el etarismo es una suerte de racismo generacional en nuestra sociedad contemporánea. La mayoría de la gente se escandaliza por las discriminaciones raciales, políticas, religiosas, sexuales, etc. pero ninguna de esas personas se escandaliza por la discriminación generacional que se practica por doquier.

El etarismo, más que una ideología explicita es una ideología implícita. Es una práctica casi automática en cualquier lugar donde se observe. No hay práctica sin una teoría subyacente detrás de ella.

Pocas personas aprobarían escuelas exclusivamente para negros, judíos, comunistas o lesbianas, pero, sin embargo, el sistema educativo socialista da por sentado que personas de una misma edad tienen igual nivel de inteligencia o de ignorancia (lo mismo, pero visto desde otro ángulo).

Lo cierto es que los niveles de inteligencia no son similares en edades similares, ya que la inteligencia no depende de la edad del individuo sino de otra serie de factores de mayor importancia, entre ellas la constitución física, su experiencia concreta y la interacción del individuo con el medio ambiente. Esta interacción puede, a su vez, ser intensiva o extensiva.

En el caso de los infantes, se pasa por alto —debido a la influencia socialista- que los niños interactúan durante mucho tiempo preescolar con su familia y el entorno de su familia, es decir amigos, vecinos, parientes, etc. Esto ya de por sí marca las primeras diferencias entre los individuos de corta edad. Pero conforme a la doctrina socialista, esas diferencias son ofensivas, en consecuencia, se trata a todos los infantes igual como si fueran "iguales".

La solución para que el aprendizaje de los niños se acelere es acentuar su interacción con adultos y no —exclusivamente- con otros niños como equivocadamente se cree. Sin embargo, la educación socialista no promueve la interacción del niño con adulto, por el contrario, la desincentiva, estimulando la interacción de individuos con personas de "su misma edad". Esto es un completo error, por ser un mito sostenido únicamente por el lavado de cerebro de la educación socialista.

Todo aprendizaje se obtiene —por definición- de aquellas personas que cuentan con mayor bagaje de información. Por definición no aprendemos de quien sabe menos que nosotros, sino a la inversa, de quien sabe más. Por lo general —hay excepciones- un adulto cuenta con un mayor bagaje de información que un niño. Esto por si sólo es dato suficiente como para modificar el modelo educación socialista actual.

El problema se extiende más allá de la escuela, a la vida completa del ser humano. El argumento típico en contra de la discriminación es la igualdad, pero este no es un argumento en contra de la discriminación sino un argumento a favor de ella. El mejor argumento en contra de la discriminación es la desigualdad y no la igualdad, porque es cuando intercambiamos información con desiguales cuando incorporamos valores a nuestro bagaje educativo.

El sistema educativo tradicional lima las diferencias entre los niños y los fosiliza en un pensamiento uniforme. Más allá de la escuela tampoco se admite la interacción entre personas de edades dispares. Los círculos sociales también se dividen en categorías por edad, llegando al colmo de haber actividades para diferentes rangos de edades. La vida social después de la escuela, tiende a reproducir "en grande" digamos, el mismo esquema estratificado en el que se fundamenta el sistema educativo estatal (al decir estatal aludimos a lo que se denomina impropiamente -en ambos casos- tanto la escuela "publica" como la "privada". decimos impropiamente porque ni la "publica" es publica ni la "privada" es privada)[54]

Hay campos donde la discriminación por edad es muy aguda y notoria, por ejemplo, en el campo laboral, donde sin cortapisas se subordina la inteligencia y/o la experiencia a arbitrarios rangos de edades (por lo menos esto es notable en el proceso de selección de personal para cargos laborales). Además de la educación, los otros dos factores que consideramos causa de este fenómeno los podemos encontrar en el "estado empleador" (mal llamado empleo público) por un lado, y la legislación laboral, reguladora tanto del empleo estatal como del privado, por el siguiente.

Lo mismo ocurre en actividades sociales, recreativas y de esparcimiento donde la discriminación generacional es muy aguda, como se observa en clubes deportivos y sociales. En suma, toda nuestra cultura contemporánea parece apuntar a una fuerte discriminación generacional que empobrece al conjunto social, y no tiene rasgos diferenciadores con los otros tipos de discrimina-

---

[54] Tema que hemos abordado en detalle en nuestro libro *La educación. Una primera mirada.*

ción que sí, curiosamente, son condenados con énfasis desmesurado por esa misma cultura, tal como los mencionados (religiosos, políticos, raciales, sanitarios, sexuales).

El enriquecimiento individual, afectivo y social sólo puede darse a través de un fuerte intercambio e interacción intergeneracional en los más diversos campos de la cultura, la sociedad y de la vida en general. Los actuales verdaderos ghettos generacionales que se observan en los lugares de trabajo, clubes sociales, deportivos, educativos (universidades, colegios, etc.) empobrecen a las personas -cualquiera sea su edad- y al conjunto de la población. Mitos y prejuicios sociales e individuales sin ningún tipo de fundamento llevan a este tipo de segregación cronológica. Conviene aclarar que no deben entenderse estas palabras como la pretensión de proscribir las asociaciones generacionales libres y voluntarias para reemplazarlas por otras de tipo compulsivo pero intergeneracionales. Sino por el contrario, señalar la importancia de desterrar la coacción en toda asociación humana, a la vez de resaltar los beneficios de cualquier interacción social basada en cualquier criterio, desde que partimos de la base que las personas son diferentes desde todo punto de vista, incluso entre aquellos que creen compartir una "misma etapa de la vida".

Lo apuntado en cuanto a la cultura prevaleciente, hace que sean observables "luchas de clases" creadas artificialmente entre personas de diferentes generaciones que compiten por lugares de trabajo y posiciones, o por el desempeño de actividades diversas, sean de tipo político, educativo, recreativo, afectivo, social o cualquier otra. Como siempre, la paradoja de toda política (en este caso, cultura) socialista, es que termina agravando aquello que pretende solucionar. Las llamadas "barreras generacionales" no son más que un producto de la cultura socialista dominante que necesita de "clases sociales" para existir y que, si no las encuentra en la sociedad, las fabrica artificialmente.

Otro mito de la cultura socialista es el de "cosas típicas" de la edad. Hablar de actitudes o "cosas típicas" de una edad no tiene ninguna diferencia a hablar de "cosas típicas" de los negros o "cosas típicas" de los judíos o de "cosas típicas" de cristianos, de musulmanes, de homosexuales, "cosas típicas" de franceses o "cosas típicas" de lapones. En cualquiera de estos últimos casos, la imputación resulta irritante y además "políticamente incorrecta", siendo motivo de condena por nuestra cultura socialista dominante. En tanto que, esa misma cultura socialista dominante, acepta naturalmente la imputación de "cosas típicas" de la edad. El absurdo de la distinción es evidente. No hay "cosas ni típicas ni atípicas" ni en la edad ni en la religión, ni en la raza, ni en la clase social, ni en la sexualidad de las personas. Todo lo que se puede observar son conductas diferenciadas y diferenciables que sólo la cultura socialista de nuestro tiempo pretende homogeneizar. Ni la inteligencia ni la estupidez es patrimonio particular de ninguna etapa especial de la vida. Podemos ver imbéciles e inteligentes a cualquier edad, como vemos imbéciles e inteligentes en cualquier raza, credo, partido político, nacionalidad, sexo, etc. Nuevamente, nos encontramos en el intento cultural socialista de recrear una nueva "lucha de clases", esta vez de tipo generacional. Se trata de otra variante del polilogismo que tan brillantemente explicara Ludwig von Mises, pero en este caso aplicado a la población etaria.

Los individuos tienden culturalmente a conservar los aspectos relevantes de su personalidad a lo largo de su vida. En este sentido, experimentan cambios que no son, en manera alguna, acentuados, salvo escasas excepciones. La tendencia de la cultura socialista es a separar conductas de acuerdo a arbitrarios rangos de edades. Así como otrora separaba esmeradamente "burgueses" de "proletarios", más tarde "reaccionarios" de "progresistas", o "izquierdistas" de "derechistas", separa hoy día "adultos" de "jóvenes". En ambos casos, los socialistas culturales nos dicen que las "diferencias" de ambos grupos son "irreconciliables".

Las diferencias físicas no son un argumento a favor de la discriminación generacional como no lo son a favor de la discriminación racial o sexual (que también atienden a supuestas diferencias físicas). Ya hemos aclarado que el silogismo de la "igualdad" para "argumentar" en contra de la discriminación de cualquier tipo, es una falacia, toda vez que la "igualdad" es algo -biológica y científicamente- imposible. El único argumento coherente y lógico en contra de la discriminación, es precisamente, la desigualdad: como somos desiguales no debemos hacer diferencias artificiales entre nosotros para simular que perteneceríamos a una misma clase, grupo, conjunto, o cualquier otro tipo de agregado social. No tiene sentido decir que un niño blanco y uno negro juntos deben asistir a la misma escuela porque son "iguales". No. El argumento correcto es que tienen que asistir juntos a la misma escuela porque son desiguales, una desigualdad que va mucho más allá de un simple color de piel, son individuos completamente diferentes que deben crecer y nutrirse mutuamente de sus diferencias y no de sus inexistentes "igualdades". El razonamiento es perfectamente aplicable a niños de la "misma" edad y del "mismo" color de piel. Lo único que tendrán "en común", aunque resulte paradójico, es lo que los diferencia a uno del otro.

Si la cultura socialista se limitara a separar a personas de diferentes edades, ello ya de por sí es condenable desde el punto de vista liberal. Pero la cultura socialista va más allá de una simple separación, busca el enfrentamiento de los diferentes grupos generacionales que artificiosamente crea, tornándolos en enemigos irreconciliables. De allí que los grupos generacionales crean fuertes barreros de entrada a miembros no pertenecientes a su rango generacional, o una vez infiltrado lo detecta y lo excluye, a veces no sin indisimulada violencia. En el "mejor" de los casos, los diferentes grupos de edades se tratan en forma **despectiva** unos a otros, -es decir- un grupo respecto de otro grupo, socarrona o sarcástica. El estatismo ha procurado esto último a través de la educación -en el caso de los niños- y en el de los adultos por vía de la sindicalización, masificándolos en lo que se da en llamar la "clase trabajadora".

Conjeturamos que debe desalentarse al máximo la interacción entre personas de la misma edad y alentarse al máximo la interacción entre personas de diferentes edades, si lo que se persigue es un verdadero enriquecimiento y crecimiento vital general o global. Este proceso forma parte de la retroalimentación vital. El niño aprende por su interacción aguda con adultos (o niños mayores) y no por interacción con niños de su "misma" edad. Si bien no es una regla estricta, -generalmente- a mayor diferencia de edad mayor diferencia de información. Esto sólo, ya hace ventajoso de por sí la interacción intergeneracional intensiva. Insistimos que no estamos propiciando la coacción en ningún sentido, solamente señalamos nuestra convicción que al nutrirnos de nuestras diferencias es como verdaderamente crecemos individualmente y como sociedad, es decir, cada uno de sus integrantes.

Otro mito generalmente aceptado es asociar la "experiencia" con la edad. Este absurdo es una forma de reduccionismo. No tiene sentido hablar de la "experiencia" en abstracto. La "experiencia" siempre es "experiencia" de cosas concretas. Lo que tiene sentido es hablar de qué tipo de "experiencias" referimos. Un niño puede ser un experto –generalmente lo son- en juegos en los que un adulto puede ser completamente incompetente. No es cierto que la "naturaleza" de un niño sea jugar –ello forma parte de la naturaleza humana en sí- sino que ocupa casi el 100% de su tiempo en esa actividad, y lo que lo hace un experto es esa mayor dedicación horaria. Esta regla es aplicable a cualquier actividad en cualquier edad.

7.5. *La escuela.*

La escuela tendría que estar estructurada no conforme al actual modelo socialista, sino a otro, en cual los diferentes grados escolares deberían estar compuestos por personas de diferentes edades. Y no como ahora, por todas personas de la "misma" edad. En lo político, por ejemplo, movimientos como el *feminista* han hecho hincapié –y mucho ruido y mucha prensa- en el llamado "cupo femenino", en el cual por ley se impone el 30% de los cargos políticos electivos para las mujeres. Esto se hace en nombre de la "no-discriminación" (en este caso y como explicado, de la sexual o de género).

No somos partidarios de imponer nada por ley. Todos los cambios que proponemos –reiteramos- deberían alcanzarse por las vías voluntarias y pacíficas. Nuevamente el colectivista alega la *igualdad* como sustento a los "cupos" o el equivalente de "grados" o "años" si se refiere a la escuela o la universidad. Pero no se obtiene la "igualdad" por este camino ni por ninguno otro, por el contrario, el sistema de "cupos" tendrá como resultado la desigualdad y, en última instancia, el enfrentamiento. Debe haber un cambio cultural que nos haga ver que, en lugar que nuestra cultura actual persiga como valiosa la igualdad política de hombres y mujeres (como en el ejemplo del tristemente célebre "cupo femenino" mencionado) de forma contraria debería promoverse la interacción de personas de diferentes sexos y edades tanto en el ámbito escolar como en los demás ordenes de la vida social. Por, sobre todo, dar rienda suelta a la libertad de cada ser humano para que pueda desplegar toda su creatividad en su máximo potencial y sea esto lo que -en definitiva- valoren sus semejantes, y decidan sus asociaciones en base a ella. No mediante artificios igualitaristas impuestos desde una autoridad piramidal.

Ya de por sí, la enseñanza actual (modelada por la cultura socialista y sus planes estatales de estudio) funciona no porque los diferentes grados escolares estén compuestos por personas de la "misma edad". El rol protagónico y lo que posibilita la educación y el aprendizaje, reside en que el niño (alumno) interactúa con, al menos, un adulto (el maestro o profesor). Sin la figura del maestro o profesor, grados escolares solamente compuestos por "niños" implicaría que ninguno de ellos aprendería absolutamente nada, excepto compartir la escasa información que pueden manejar personas de un mismo rango de edad y que en última instancia siempre provendrá del mundo de sus adultos más inmediatos, generalmente del orden familiar. Notemos que la atracción que sienten los niños y estudiantes respecto de otros compañeros o compañeras siempre se vincula —salvo escasísimas excepciones- con lo recreativo o lo sexual (en el caso de varones y mujeres) y no con otros aspectos. Pero esto, a su vez, no se trata de algo biológico, sino que también resulta de un fenómeno cultural o inducido por cierto entorno cultural específico, ya que desde el mismo seno familiar se trata -por todos los medios al alcance- que el niño se relacione más con otros niños de "igual edad" que con los adultos de la propia familia a la vez que muchas familias recelan de que sus hijos interactúen con adultos ajenos o extraños a dichas familias.

La edad, de por sí, tampoco implica nada en estricto sentido, ya que no se trata más que de un mero prejuicio, un simple estereotipo elevado a la categoría de dogma sagrado de fe. De momento que sostenemos que el tiempo (como tal) es una mera categoría mental, y de conformidad con los últimos avances de la física quántica, la edad -en sí misma- no significa absolutamente nada. No es más que otro mito. Dos personas -digamos de 8 años calendarios- cada una, de familias diferentes, pueden haber tenido experiencias tan disímiles y pertenecer a culturas tan desiguales que difícilmente podría hablarse de "cosas típicas" de su edad. Un aborigen de 8 años de una tribu africana no tendría ninguna experiencia en común con otro individuo de "la misma edad" que viviera en una familia rica en un opulento barrio de Nueva York. No obstante, la interacción entre ambos –de ser posible- sería provechosa, en cualquier caso, no por el argumento estereotipado de que "comparten" la "misma edad". Una vez más, es lo que **no** comparten; y no lo que comparten ellos lo que justifica su interacción. Son sus diferencias y no sus similitudes las que apoyan su interacción, contrariamente a lo que postula el dogma socialista o igualitarista. No existe tal cosa como las "cosas típicas de la edad", se trata de otro mito socialista, es decir, otro mito social.[55] Si cuantificáramos su tiempo de vida por sus respectivas vivencias y circunstancias en lugar de hacerlo mediante los calendarios convencionales (como de ordinario lo hacemos), tendríamos que concluir que ambos tienen "edades" muy dispares.

7.6. *Prejuicios y estereotipos*

Según el diccionario:
prejuzgar
Del lat. praeiudicāre.
1. tr. Juzgar una cosa o a una persona antes del tiempo oportuno, o sin tener de ellas cabal conocimiento. No prejuzgues hechos que no conoces.[56]

cabal[57]
Der. de cabo1 'extremo'.
1. adj. Ajustado a peso o medida.
2. adj. Dicho de una cosa: Que cabe a cada uno.
3. adj. Excelente en su clase.
4. adj. Completo, exacto, perfecto.
5. m. Hues. Pegujal del segundogénito.
6. m. desus. caudal (|| hacienda).
7. adv. cabalmente.

---

[55] Véase mi libro *La educación*
[56] Real Academia Española © Todos los derechos reservados
[57] Real Academia Española © Todos los derechos reservados

Me pareció importante insertar la definición de la palabra "cabal" citada en la de *prejuicio* porque la entiendo clave para explicar el tema. Prejuicio es la acción y efecto de prejuzgar, y prejuzgar es juzgar antes del tiempo oportuno o sin conocimiento cabal. Dejando de lado el significado jurídico que no es objeto de este análisis, podemos preguntarnos ¿cuándo se considera "oportuno" el tiempo para juzgar? De la misma definición se infiere que es "oportuno" hacerlo cuando se tenga del objeto a juzgar *cabal* conocimiento.

La acepción aplicable de "cabal" en ese caso es la N° 4 que dice: *4. adj. Completo, exacto, perfecto.*

Pero ¿de qué cosas o personas tenemos ese *completo, exacto, perfecto* conocimiento? Excepto que se crea que los seres humanos somos *completos, exactos y perfectos* y que -como tales- conocemos las cosas de ese modo, quienes no creemos en esto podemos contestar rotundamente que de ningunas. Ergo, si de nada podemos tener un conocimiento perfecto, exacto ni completo, nada podemos juzgar, ergo, solo podemos prejuzgar, y es esto lo que estamos haciendo todo el tiempo, la mayor parte de nuestra vida. No podemos hacer otra cosa, hasta que seamos algún día *completos, exactos y perfectos*. Si ese día llegara alguna vez.

Pero, obviamente son muy pocas las personas dispuestas a admitir algo así. Muchos creen poseer esas cualidades (completitud, exactitud y perfección) y si no lo dicen explícitamente (o, incluso, lo niegan) al menos hablan y se comportan como si lo creyeran de verdad. Se expresan en términos rotundos, absolutos y universales. En sus juicios (en rigor prejuicios) pretenden abarcar campos, materias, áreas y temas que ni por asomo conocen a fondo. Y en muchos casos ni siquiera superficialmente.

Podemos, desde luego, aprender, capacitarnos y ser expertos en una o más materias del saber. Pero ese conocimiento nunca será perfecto, completo ni exacto. En primer lugar, por lo ya dicho: los humanos no somos así. Y, en segundo lugar, porque el conocimiento no es estático, sino dinámico, además de creciente. Se expande, se bifurca y se ramifica, y por este solo hecho ni una ni muchas mentes pueden abarcarlo todo. El conocimiento cabal nos es –paradójicamente- desconocido. En consecuencia, no nos queda más remedio que prejuzgar siempre, todas las veces, aun cuando creamos que estamos juzgando rectamente.

Mientras Dios siempre juzga, el hombre siempre prejuzga. El único juicio recto es el juicio divino. A veces —en nuestros escasos arrebatos de humildad- denominamos a este prejuzgamiento humano: *juicio parcial, juicio imperfecto, juicio humano, falible,* etc. Hay libertad de denominarlo como se desee. Pero en el fondo siempre será prejuzgamiento.

El prejuicio tiene un pariente cercano, cuyo nombre es el estereotipo.

Veamos como lo define la Real Academia Española:

estereotipo[58]
Del gr. στερεός stereós 'sólido' y τύπος týpos 'molde'.
1. m. Imagen o idea aceptada comúnmente por un grupo o sociedad con carácter inmutable.
2. m. Impr. Plancha utilizada en estereotipia.

No es difícil imaginar -según lo que acabamos de ver antes- que esa imagen o idea está constituida por uno o más prejuicios.

De la misma manera que hemos sostenido que el *cabal conocimiento* de las cosas o personas no existe, lo mismo podemos decir del carácter *inmutable* de cualquier imagen o idea existente o existida. Hay conocimiento, pero no cabal. Hay imágenes e ideas, pero no inmutables. Nótese que la definición no habla de objetos o seres inmutables. Sino de imágenes e ideas. Pero, a veces, las imágenes e ideas se confunden con los objetos y se tiene a todos por inmutables. Veamos algunos ejemplos:

Muchas palabras representan una imagen o idea. Por ejemplo, la imagen de un perro o la idea que representa a este, esta aceptada comúnmente por la sociedad para significar al animal doméstico, cuadrúpedo, carnívoro, etc. tan simpático y querido por tanta gente. Entonces, se confunde la imagen o idea de "perro" con su objeto (el perro mismo) y el vulgo otorga a ambos (objeto e idea) el carácter de inmutable. Sin embargo, la palabra

---

[58] Real Academia Española © Todos los derechos reservados

"perro" no es más que una etiqueta de condición convencional. Y lo inmutable no es la etiqueta sino el animal.

Al confundir la etiqueta con el objeto que la etiqueta designa no sería aceptable para nadie describir con tales características a -por ejemplo- un canario o un elefante. En consecuencia, la imagen o idea de "perro" es aceptada comúnmente con carácter inmutable por la sociedad para designar exclusivamente a dicho animal y no a otro. Se trata entonces de un típico estereotipo, dado que en tales casos la sociedad confunde el objeto (inmutable) con la idea o imagen (mutable). Al transmutar lo mutable en inmutable nace el estereotipo.

Esto sucede con muchas otras clases de objetos. En el terreno de la zoología y de la geografía –por ejemplo- el empleo de estereotipos tales como *perro, cocodrilo, piedra, río, montaña, nube, llanura*, etc. no representan mayores dificultades y pueden utilizarse con cierta seguridad. Pero, cuando se quiere extender el área y dominio del estereotipo a cosas, objetos o personas más en detalle, o en forma más amplia, la cuestión aquí se complica. En suma, se trata de aplicar etiquetas (estereotipos) a cosas, grupos o especies que individualmente difieren y mucho entre sí, y que por su carácter de mutables no pueden ser susceptibles de estereotipos, pese a que el vulgo normalmente se los aplica o les crea específicos.

Por ejemplo, la imagen o idea de *piedra*, no tiene carácter inmutable, porque ninguna idea o imagen lo tiene. Se confunde el objeto "piedra" -cualquier piedra en rigor- que como cuerpo si es inmutable (aunque verdaderamente parece serlo, pero no lo es). Y cuando se fusiona la *idea* de "piedra" con el *objeto* "piedra" aparece el estereotipo. Este (estereotipo) no nos permite analizar otros detalles del *objeto* "piedra", excluyendo de plano fenómenos que esta sufre, como –por ejemplo- la erosión causada por el viento, el agua, u otros factores climáticos, por citar solo los más conocidos. Al transformar la imagen o idea en inmutable, el estereotipo impide y censura cualquier ulterior investigación sobre el objeto en cuestión. Únicamente abandonando el estereotipo se podrá profundizar en la idea, analizarla, y añadirle otras que pueden modificarla (o dejarla de lado por completo) y que -permitiendo investigar el objeto estereotipado- nos terminará revelando que el estereotipo no es aplicable, porque se ha pretendido etiquetar como inmutable lo que, por esencia, es mutable.

Cuando salimos del terreno de la zoología o geología y pasamos al de la humanidad, la rotunda falsedad de los estereotipos que se emplean y mucho también en esta área tanto en ciencias sociales como en las naturales, aparece como más patente para todo aquel que quiera verlo.

En última instancia, y dado que vivimos en un universo mutable, su conceptualización, estudio e investigación no puede permitir estereotipos de ninguna índole. El uso y abuso de estereotipos revela una mentalidad primitiva y tribal, propia del hombre prehistórico. Y, en tal perspectiva, alarma la cantidad de personas que utilizan un lenguaje estereotipado, lo que denota su *estereotipación* mental, que no es otra cosa que rigidez e inflexibilidad mental. El estereotipo se niega y rehúsa considerar aspectos alternativos del objeto estereotipado, dado el carácter de inmutabilidad de este precisamente. Justamente, lo irracional del estereotipo es su inmutabilidad.

El estereotipo es enemigo del cambio y -por ende- del progreso. Esto denota su carácter negativo y regresivo.

En el campo de las ciencias sociales, las ideologías son típicos estereotipos. Representan esquemas mentales cerrados, dogmáticos, rígidos, estáticos. Son claras enemigas del progreso social. Y lamentablemente, podemos decir que dominan el mundo.

Epilogo

Llegamos al final de este breve libro y esperamos que el mismo haya cumplido las expectativas que nos propusimos y expusimos en la <u>Introducción</u>

A modo de resumen, no vendrán para nada mal algunas notas aclaratorias.

Cuando en el número 1.3 titulado **Mente y creación mental.**, aludimos al *mentalismo* lo hicimos en el sentido de lo que también se entiende por *espiritualismo*, guiados por nuestra convicción de que conforme la enseñanza de Nuestro Señor Jesucristo:

(Juan 4:24) Dios es espíritu, y los que le adoran deben adorarle en espíritu y en verdad.

Si hay una mente hay un Espíritu que la ha creado, y ese Espíritu no es otro que el Dios Uno y Trino.

El problema de referirse a Dios como "el todo" (cuestión tratada en el mismo título mencionado en el párrafo precedente) cuenta con la dificultad que -a mi modo de ver- la palabra "Todo" incluye necesariamente *lo bueno y lo malo,* es decir, *el bien y el mal.* Y por esta razón entiendo que no es posible llamar a Dios de esa manera, porque Dios es *lo bueno por esencia y excelencia.* No puede ser "lo malo". Por lo tanto, no puede ser el *Todo*. Como tampoco puede ser "parte" de ese "todo" porque Dios es indivisible porque es UNO. Dios no es el "todo" sino que está por sobre el "todo".

Si, en cambio, es el Creador originariamente de *todo*, pero no de *lo malo*. Sólo en un momento posterior, *lo bueno* (merced al *libre albedrio* con el que Dios dotó al hombre) decidió por su propia y exclusiva voluntad, dejar lo bueno y pasarse al bando de lo malo, lo que, bíblicamente, está ilustrado en el relato de la Caída, representada por Adán, Eva y la alegoría de la serpiente.

En cuanto a la ciencia de la que hablamos en la página 60, la entendemos —en última instancia- como la sabiduría de Dios revelada o no revelada. Y la Verdad -de la que tratamos en la misma página- es Cristo, por cuanto:

"Jesús le dijo: Yo soy el camino, y la verdad, y la vida; nadie viene al Padre, sino por mí." (Juan 14:6)

La "verdad humana" (tratada en la página 91) está en un plano inferior a la Verdad Divina (Juan 14:6) y no es cognoscible para ningún ser humano en particular sino sólo para Dios, aunque puede no coincidir con la Verdad de Dios.

Dicho esto, y sin pretender agotar el tema, damos por concluido este breve ensayo sobre la mitología social moderna, agradeciendo al lector su interés por esta obra.

BIBLIOGRAFÍA DEL AUTOR
Por orden alfabético

- *Acerca del poder*
- *Análisis económico sobre el gobierno*
- *Apuntes sobre filosofía política y económica*
- *Apuntes sobre gasto público y fiscalidad*
- *Argentina: historia de un drama*
- *Breve introducción al estudio de la economía*
- *Caos planificado (un comentario a la obra homónima de Ludwig von Mises)*
- *Capitalismo, estado e intervencionismo*
- *Combatiendo al capital*
- *Democracia, desigualdad y socialismo*
- *Derecho y política*
- *El secreto de la riqueza y el fin de la pobreza*
- *El tiempo*
- *Elementos de economía internacional*
- *Impuestos (una muy breve introducción al tema)*
- *Introducción a la teoría de la moneda y de los precios*
- *La ciencia económica (tratado de economía). Tomo 1*
- *La ciencia económica (tratado de economía). Tomo 2*
- *La ciencia económica (tratado de economía). Tomo 3*
- *La credulidad*
- *La democracia*
- *La economía y filosofía del capitalismo*
- *La educación (una primera mirada)*
- *La meta de la sociedad superior*
- *La teoría del mito social*
- *La verdadera revolución social*
- *Lo que parecemos y lo que somos (visto desde la política y la economía)*
- *Los impuestos y el derecho*
- *Mercado del trabajo y de las relaciones laborales*
- *Nuestra divinidad : ensayo sobre la espiritualidad humana*
- *Política, burocracia y economía*
- *¿Qué es el populismo? Ensayo político, económico y sociológico.*
- *Socialismo y Capitalismo*
- *Temas económicos*
- *Teoría del mercado (libre e intervenido)*

Estas obras, y otras más, también podrán encontrarse en los siguientes sitios con diversos puntos de distribución:
https://libros-gsb.blogspot.com/

www.ingramcontent.com/pod-product-compliance
Lightning Source LLC
Chambersburg PA
CBHW051306250726
48656CB00004B/1500